南京稀见文献丛刊

陷京三月记

（民国）蒋公穀 著

点校 朱成山

南京出版社
南京出版传媒集团

图书在版编目（CIP）数据

陷京三月记 /蒋公毅著. —南京：南京出版社，2006
（南京稀见文献丛刊 / 李海荣，金承平主编）
ISBN 978-7-80718-206-1

Ⅰ. 陷…　Ⅱ. 蒋…　Ⅲ. 南京大屠杀—史料
Ⅳ. K265.606

中国版本图书馆CIP数据核字（2006）第071765号

丛 书 名：南京稀见文献丛刊
丛书主编：李海荣　金承平
书　　名：陷京三月记
作　　者：（民国）蒋公毅
出版发行：南京出版传媒集团
南 京 出 版 社
社址：南京市太平门街53号　　邮编：210016
网址：http://www.njcbs.cn　　电子信箱：njcbs1988@163.com
淘宝网店：http://njpress.taobao.com　天猫网店：http://njcbcmjtts.tmall.com
联系电话：025-83283893、83283864（营销）　025-83112257（编务）

出 版 人：朱同芳
出 品 人：卢海鸣
责任编辑：鲍咏梅
封面设计：王　俊
版式设计：杨　茼
印　　刷：南京工大印务有限公司
经　　销：全国新华书店
制　　版：南京新华丰制版有限公司
开　　本：890毫米×1240毫米　1/32
印　　张：3.375
字　　数：65千
版　　次：2017年4月第2版
印　　次：2017年4月第1次印刷
书　　号：ISBN 978-7-80718-206-1
定　　价：18.00元

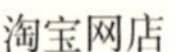
淘宝网店

天猫网店

总　序

“江南佳丽地，金陵帝王州。”古都南京有着悠久的历史和灿烂的文化，昔日的历史文献绵延千年，颇为兴盛，如《建康实录》、《景定建康志》、《至正金陵新志》、《洪武京城图志》、《金陵古今图考》、《板桥杂记》、《同治上江两县志》、《金陵岁时记》、《首都志》、《陷京三月记》等，不胜枚举。为充分发挥地方历史文献“资治、存史、教化”功能，南京出版社和南京市地方志编委会办公室共襄盛举，同时联合南京市规划局、侵华日军南京大屠杀遇难同胞纪念馆、中山陵园管理局孝陵博物馆、秦淮区地方志办公室等多家单位，共同出版这套《南京稀见文献丛刊》。

本丛刊第一批收录南京地方文献计七册十一种：

第一册《洪武京城图志·金陵古今图考》。两书均为明人撰写的以图文互动形式记述南京的典籍。《洪武京城图志》为明太祖朱元璋敕礼部纂修，以图文并茂的方式，描述了明初首都南京的恢宏气象，并附有多篇名家的序、记、考、跋。《金陵古今图考》为明代陈沂撰，以宋元方志等为本，据以绘图，附以考证，绘写出从先秦至明季南京历代锦绣山河和都会街肆。

第二册《秦淮志》。民国夏仁虎撰，本书以百里秦淮河为主线，上起源头，下至入江口，详细记载了秦淮河流域特别是十里秦淮两岸的历代名士佳人趣闻轶事和风物胜景，读来令人兴味良多。

第三册《明孝陵志》。民国王焕镳撰，作者搜罗史书、志书、杂记、诗文种种，分门别类记述了有关明孝陵方方面面的内容。其记录名胜古迹、保存典章故事之举，功不可没，亦可为今日保护管理该古迹之参照。

第四册《首都计划》。国都设计技术专员办事处编，是中华民国国民政府在民国十八年(1929年)所编制的建设首都南京的计划大纲。该计划吸收当时古今中外的建设理念，对抗日战争前的民国南京城的各项建设发挥了重要的指导作用，对于今天的城市建设仍有相当的参考价值。

第五册《陷京三月记》。民国蒋公穀著。作者系抗日战争中的南京守军军医，在南京沦陷之际因负责城防救护工作被围，隐于难民之中三个月，目睹日寇南京大屠杀之惨状，以日记体裁记述史实，为世人了解侵华日军南京大屠杀真相提供了真实可信的第一手资料。

第六册《板桥杂记·续板桥杂记·板桥杂记补》。三书均为记载南京青楼文化的专著。《板桥杂记》，明清之际的余怀所著，本书写明末南京的教坊妓院之人事；《续板桥杂记》，清珠泉居士撰，是作者涉足妓馆的风月纪实，记录了作者在乾隆后期的“旧欢”往事；《板桥杂记补》，清末民初金嗣芬编，上溯明末，下及清末，搜集文献，辑录旧闻，是反映南京青楼文化的又一力作。

第七册《金陵岁时记·岁华忆语》。两书均为记述旧时南京民俗的佳作。两书对南京岁时民俗进行了全面、系统的介绍,特别是《金陵岁时记》,堪称是研究南京岁时民俗的开山之作。南京的岁时民俗文化丰富多彩,阅两书不仅可见清末民初南京民俗之大观,而且可以了解南京乃至中华民俗的源流和发展脉络。

为了做好这批稀见文献的出版工作,我们专门邀请了南京史学界前辈茅家琦、蒋赞初、梁白泉先生为学术顾问,给予指导;同时,聘请了多位专家学者参与点评工作。本丛刊在版本上择善而从,同时参校其他的各种版本。为了尽量保持原书的面貌,我们确定了如下的原则:书中的通假字,以及小字和圆括弧标注者,保留不动;异体字(如“眎”为“视”之异体)及错刻字(如“上巳”误为“上已”)径改;有明显历史错误者及少数错字,在页尾注明;缺漏字以方框表示,可以确定的缺漏字直接补上,不能确定的字在方框后以圆括弧注明。

地方历史文献的整理是一项重要工作,在本丛刊出版之际,我们诚恳期望各位读者朋友提出宝贵意见,以利于这项工作更好地开展下去,真正发挥历史文献的功用,为今天的社会主义现代化建设事业服务。

《南京稀见文献丛刊》编委会

导读

2004年8月17日，一个平常的日子。下午2时许，我仍像平常一样，上班后在办公室里平静地处理信函文件等公务。由于每天来信较多，并没有对其中一封厚厚的信件十分留意，但当我用剪刀剪开这封信函封口时，一本旧书和十几页发黄的纸张滑落下来，顿时有一种特殊的感觉。

定睛一看，这是一本没有封面和封底的旧书，以及十几页泛黄的手稿。根据多年来触及南京大屠杀史料的经验，很快断定这是蒋公榖先生60多年前写的南京大屠杀亲历日记，书名为《陷京三月记》，此前本馆已收藏并已公开展示该书。令人吃惊之处在于随信寄来的白崇禧、程潜、张治中、朱绍良、李济深、朱家骅、陈布雷、蒋鼎文、贺耀组、何成濬、林蔚等11位原国民政府军政高官用毛笔书写的手稿，且每封都有签名和盖有私印，其内容都是这些高官们读该书后的评价、随想和声明。

一本3万多字的薄书，何以能惊动原国民政府如此之多且声名显赫的权贵们的重视呢？作者蒋公榖只是一名军医，又有何能耐请动这么多名高官来为这本书题词作序呢？

蒋公榖，1892年4月12日出生于浙江省海宁县硖石镇的一户书香门第，其叔叔是后来被蒋介石尊称为老师的中国近代军事家之父蒋百里（原保定陆军军官学校校长）。因患心孔狭窄的先天性心脏病，蒋公穀在小学时辍学赴日本，接受日本名医井上哲次郎历时半年的治疗，因此学会日语。他初时立志从商，曾考入杭州中等商业学校、青岛特别高等专业学校读书深造，后来辗转考入天津陆军军医学校，弃商从医，并从此与医学结下了不解之缘，用当今时髦的话说，成为一名“军地两用人才”。在他的经历中，先后五次从军，五次在地方任职，但都与医疗救护、治病救人有关。他既参加过北伐军，也曾走向抗日最前线；既有在家乡办医院，任教上海东南医院，担任武汉市立医院院长、平汉铁路卫生课课长等经历，也有在绥远鼠疫爆发后，担任疑似病院院长，勇敢地亲临鼠疫流行地救人生命的实践经验。这些特殊的经历，锻炼了蒋公穀先生的勇敢、善良、谦和、为人正直、刚正不阿的品行，以及高超的医疗技术，使他成为一名经常与国民政府要员接触的“国医”。

尤其值得一提的是，1937年8月，八一三事变爆发后，蒋公穀在“国难当头、救死扶伤是医生天职”的信念支撑下，毅然出任上海红十字会医务科长，参与淞沪战场对伤员的救护。同年10月，他接到北伐时期的好友金诵盘发来的一封电报，邀请他赴南京协助其筹备野战救护处。接电后，他义无反顾地奔赴首都，投入野战救护处担负的南京城防护工作。面对日军对南京城步步进逼，原国民政府机关纷纷撤离南京的状况，金诵盘处长和蒋公穀奉命留守南京，他们置个人安危于度外，为救助伤员而忙碌不止。

1937 年 12 月 13 日，侵华日军侵占南京城后，旋即展开了惨绝人寰的大屠杀。金诵盘和蒋公穀两人避难于南京难民区内的原美国大使馆（今南京上海路），蒋公穀以自己亲眼所见的日军暴行，以日记的形式，记载了 1937 年 12 月 13 日至 1938 年 2 月 27 日的亲身经历。

1938 年 2 月 25 日，金诵盘、蒋公穀等人化装成小贩，以无锡难民的身份逃离日军控制下的南京，将珍贵的日记带出"虎口"。1938 年 8 月，蒋公穀自费将日记在重庆印刷成书，赠送国民政府军政要员。一时间，蒋公穀的《陷京三月记》成为人们了解南京城沦陷和日军制造大屠杀惨案真相的热点图书。

1943 年初，蒋公穀先生终因劳累过度，心脏病复发，在重庆逝世，享年 52 岁。先葬于重庆郊区猫儿石公墓，后亲属将其灵柩移葬于家乡海宁县赞山头。

1981 年，时任台湾故宫博物院院长之职的蒋公穀胞弟蒋复璁先生，在台湾再次印刷了《陷京三月记》，并邀请顾祝同将军题写书名，蒋复璁作了跋。遗憾的是，仍然未能交出版社出版，与 1938 年 8 月的"私家版"印刷性质一样，并没有成为正式出版物。该书除了增加序和跋之外，正文内容与 1938 年 8 月版完全一致，并且版式（竖排版）、字体（繁体版）完全一致。时隔 68 年，这本珍贵的历史文献得以在南京出版社出版，既是该书在长达半个世纪后首次成为正式出版物，也是首本中文简体版本；既为广大读者增添了一本了解南京大屠杀真相的图书，也是对蒋公穀先生在天之灵的告慰。

从史学价值的角度，如何评价这本历史书籍呢？愚以为至少有如下几点：

其一，属南京大屠杀最早的第一手过硬史料。蒋公穀先生以目睹的南京大屠杀史实，逐日记载自己身陷南京难民区三个月的切身经历，其资料属于第一手的过硬资料。特别是能够在1938年8月印刷并流传于社会，属最早的直接披露侵华日军南京大屠杀暴行的客观证词。由于是直接当事人亲笔记述，并在记忆清晰的情况下写成的，应是真实、鲜活、客观、可信的。

其二，内容涵盖了日军南京大屠杀的主要暴行。日军南京大屠杀的内容主要表现在烧、杀、淫、掠四个方面。对于这些，《陷京三月记》都有清楚细致的概述，为后人了解历史的真相提供了依据。此外，还对美侨李格斯等南京安全国际委员会成员救助难民，红十字会在金陵大学农场掩埋12万具遇难同胞尸体等做了记录，内容广泛，生动具体，深刻揭露了侵华日军南京大屠杀的种种暴行。

其三，与其他南京大屠杀的证人证词形成了证据链。近年来，有关南京大屠杀的证人证词在海内外陆续被发现，如当年留在南京的外籍证人拉贝、马吉、魏特琳、威尔逊等人的日记；以及加害者日军官兵东史郎、中岛今朝吾、上羽武一郎等人的日记，还有一大批南京大屠杀幸存者口述资料，都是南京大屠杀历史的珍贵证词。蒋公穀及其《陷京三月记》从一个特殊的视角，与上述这些证人证词形成了共同证据，且起到了相互印证的作用。特别是对日本右翼势力否定南京大屠杀历史的企图，做了有力的驳斥。

在神秘人士寄来的这本《陷京三月记》旧书上，共有25处用钢笔做了改动，如“资财”改成了“经费”，“得便收集”改成“看到有”，改动之处的墨迹严重褪色，看来已年代久远。改动的地方都属于文字性修改，把“八股文”改为“白话文”，读起来更通俗一些，但都未改变原书表述的本意。由此推断，极有两种可能：一是蒋公穀先生在自己的日记于1938年8月印刷成书赠送他人后，引起了特殊的反响，故有意重印。他不仅本人做了文字的修改，而且利用特殊的人脉关系，找到了程潜、陈布雷、张治中等11位国民政府军政要员，分别题词、作序等。但因1943年心脏病发猝死，此事一直耽误至今。二是蒋公穀有心使该书成为正式出版物，在社会上更大范围内传播，将该书连同11位国民政府军政要员的手稿，一起交给了某出版社的某位编辑，而这位编辑对该书进行了25处的文字修改，还未来得及交于作者审定时，蒋公穀先生不幸与世长辞，使得该书的出版拖延下来。愚以为后一种可能性是极大的。

迄今为止，原国民政府高层人士谴责侵华日军南京大屠杀暴行的文献记录鲜有发现，以至于日本右翼势力曾据此否定南京大屠杀的历史。例如，在日本有着南京大屠杀否定派领军人物之称的原拓植大学讲师田中正明曾说：

“中国方面(国民政府)未提及大屠杀之事。”[1]而11位原国民政府军政要员齐声强烈谴责日军制造南京大屠杀暴行,如爱国将领张治中写道:“这是血的纪录,这是的的确确的事实,这足以概括说明倭寇之残忍酷虐……”从这些原国民政府军政要员的手稿中,人们不难看出,南京大屠杀惨案发生后,原国民政府高层人士是了解实情的,虽然没公之于报刊,但正因为国民政府高层人士了解南京大屠杀真相,所以在1945年抗日战争胜利后,国民政府立即提出将南京大屠杀作为专案审理的诉求。

是谁苦心收藏保存了这批手稿?又为何在时隔60多年后,以一封平信的方式悄然捐献给侵华日军南京大屠杀遇难同胞纪念馆?毫无疑问,一旦这些手稿得以确认,将是屠城血证中的“重量级”史料。于是,我带领馆里的几位同事,开始了调查考证,试图找到神秘的捐赠者。

首先从邮局查起。我们去了位于鼓楼广场东南角的南京市邮政局,该局领导根据信封上邮戳的“16支”字样,断定该信是从下关挹江门邮电分局发出的。于是,我们又火速赶往位于挹江门外渡江胜利纪念碑广场东北角的邮电分局,找到了当时分检该信件的工作人员。据她回忆,8月16日,从邮电分局门外的邮筒里取出了该信,由于信封上盖有“邮资总付”的戳子,便把它按常规做法投了出去,此外再无线索。

---

① 〔日〕田中正明:“南京大屠杀”之虚构(中译本),世界知识出版社1985年8月(内部版),第17页。

根据“时代超市南京店”宽大的白色信封，我们又来到了位于中央门附近的时代超市调查。超市人员说，该超市用这种信封给会员免费寄商品信息资料，而会员数量有一万多户，寄信人没有留下姓名和地址，根本找不到是哪一用户再次利用了该超市信封寄如此重要的文献。鉴于信封上的字迹大小不一，笔画有抖动的迹象，“献给下关南京大屠杀纪念馆”的“馆”字是繁体字，且捐赠者不清楚纪念馆馆址位置，因为纪念馆并不在“下关”。据此，我初步推断，寄信者有可能是一位老人。

这位老人会不会就是当年受委托负责编辑该书的人员？如果猜想成立，他应该有80多岁高龄。那么，他为何不把这些贵重的手稿留给子女或亲属呢？为何不公开捐赠给侵华日军南京大屠杀遇难同胞纪念馆？合理的解释是，有可能老人不想让子女或亲属责怪他（她）做出如此“傻事”，而干扰他（她）捐赠给国家心愿的实现。

从信封上无法寻找到捐赠者，我决定从11份手稿考证上寻找突破口。于是，请来了一批专家为其做鉴定。江苏省收藏家协会秘书长章义平从纸张和墨迹陈旧的角度，且纸张大小不一，字迹各异，认定这批手稿为原件。从事历史教学和研究多年的南京医科大学医政管理学院院长孟国祥教授，则从手稿用纸上考证其真伪。他举例说，白崇禧的手稿是写在一张“国民政府军事委员会委员长桂林行营用笺”上的，而从1938年12月起，白崇禧曾任桂林行营主任；朱绍良用“甘肃省政府用笺”；蒋鼎文用“陕西省政府用笺”。这些“用笺”与手稿主人公当时的职务是相吻合的。据此，孟国祥教授认为这是一批真迹。

为了考证这批手稿，我们除了在本馆查找《抗日战争大画册》、《世界二战史大画册》等史料，还专程去了原总统府旧址，希望从南京中国近代史原址博物馆馆藏资料中，找出11位原国民政府军政要员的墨迹并予以核对，得到该馆刘晓宁主任等人的大力支持；我们又找到南京市公安局刑事技术科学研究所，请字迹鉴定专家进行字迹鉴定；我又带着这批手稿，专程来到南京市天津新村，找到了蒋公榖的儿媳、南京师范大学退休教授石明珠女士。石教授戴着老花眼镜，逐一翻看了11份手稿后，肯定地说，这完全有可能。因为她曾听丈夫蒋祖安生前多次说过，其父蒋公榖生前与国民政府许多军政要员十分熟悉，他是有条件、有能力请11位高层人士为他题词作序的。

2004年9月3日，是中国人民抗日战争胜利59周年纪念日。我在本馆专门召开了“十二件南京大屠杀史文献资料评析会”，除邀请了南京地区的部分专家学者外，还从上海邀请了蒋公榖的侄儿、台商蒋祖怡，以及当年和蒋公榖一同留守南京、在南京沦陷时一起避难并一道逃离南京，后来为《陷京三月记》作原序的金诵盘先生的孙子金亶、金聪等人来宁，共同分析、评价和考证。年逾七旬的蒋祖怡（其父蒋复璁系南京中央图书馆和台北故宫博物院的创始人）告诉我们说：“伯父蒋公榖医术精湛，当时的身份相当于国医，与原国民政府要员有很多交往。当时，伯父蒋公穀在重庆写完该书后，曾自费出版，并分送给国民政府许多军政要员传阅。”他的这番“与原国民政府要员有很多交往”和“自费出版”的话，解开了得到这么多“军政要员亲笔手书”和“该书没有书号和出版社”的两大疑团。据金诵盘长孙金亶介绍，他从小就随祖父金诵盘一起生活，祖父曾担任过国民党参议员和军医署署长，与张治中、陈布雷等国民政府高官们私交甚好，其中时任国立中央大学校长的朱家骅是金诵盘的同学，时任国民党中央政治会议副秘书长的陈布雷经常找其看病，就连孙中山也曾亲笔为金诵盘题写过赠言。因此，这些高官们围绕《陷京三月记》这本书发表感想是完全可以理解的。在这次会上，蒋祖怡还捐赠给纪念馆“中华民国红十字总会致蒋公穀先生”的信封、委任状、汇款单及其两枚印章等10件有关蒋公穀的文物资料。他还带来了蒋公穀的女儿、上海市市西中学原副校长蒋丽似老师保存数十年之久的蒋公穀亲笔作画和题词的一把旧纸扇子，借给纪念馆核对《陷京三月记》上25处修改是否出自蒋公穀本人之手，体现了蒋家亲属对此事的极大关注和热情支持。

2006年初，南京出版社李海荣社长和卢海鸣主任，为编撰《南京稀见文献丛刊》，与我商榷出版《陷京三月记》及其11份手稿时，我感到有点为难，主要是因为时隔一年有余，神秘的捐赠人仍未能现身，谜团仍未彻底解开。为了对读者负责，对历史负责，在此我将发现和考证的过程一一作了交代，以期求教于各位读者去评判，同时希望借此机会，促使捐赠人能早日站出来说话。我想，果真能如愿，蒋公穀先生在天之灵及其亲属们会感谢您！从事南京大屠杀研究的专家学者会感谢您！我们纪念馆及广大社会读者也会感谢您！

但愿我能心想事成。

朱成山

南京大屠杀铁证

——蒋公毂与《陷京三月记》

我家先祖源出中原河南，先世系出江苏宜兴，随南宋高宗南迁临安（今浙江杭州），继迁海宁，又迁蒋村，清朝康熙年间乃迁硖石，到我祖父辈在海宁已属第二十二世了。蒋介石、蒋经国父子也是先世系出江苏宜兴，但于北宋时期迁泰州再去浙江，继迁宁波奉化。海宁即我家乡，我家藏书始自先祖蒋开基（字淳村），至其孙高祖父蒋光煦（生沐）先经商致富，因喜结交文人及对金石字画有研究，收购了大量图书，阅读鉴赏之余，高祖父生沐公亲纂《东吴丛记》及《校补隅录》，编有《别下斋丛书》、《涉闻梓旧》，故在清末道光、咸丰朝代，已是有名的藏书家了，藏书楼"别下斋"名闻江南。但太平天国农民运动后，藏书损失惨重。高祖父生沐公堂弟蒋光焴（字寅昉）之藏书，当年用船运至湖北武汉才躲过一劫。太平军走后，寅昉公随书返回海宁。其"衍芬草堂"、"西涧草堂"藏书楼现今已成为海宁、海盐两地的开放景点。

蒋公毂，名福京，字公毂，清光绪壬辰四月十二日（公元1892年5月8日）出生于浙江省海宁硖石镇，兄弟三人，他居中。在小学就读时曾因病辍学，随兄长寿钱赴日本就医，经内科名医井上哲次郎诊断为心孔狭窄，治疗半年后始愈，但不能过分劳累，以防复发。

他病愈复学，由钱塘小学毕业入杭州中等商业学校读书，继又考入青岛特别高等专业学校。由于当时家境不宽裕，只能供一人读书，为了让其弟复璁（后任南京中央图书馆馆长、台北故宫博物院院长）能继续求学，他就改考入免费的天津陆军军医学校。他刻苦学习，成绩优秀，于1916年成为该校第八期毕业的高才生。

毕业后，先与教官沈修是先生在天津创立益世医院。次年冬，因绥远鼠疫蔓延，他出任疑似病院院长奔赴疫区办理防疫事宜，取得显著成效。后又继任陆军军医学校医官、西北军第四混成旅军医处长等职。

1920年，他与上海市宝山县吴淞镇书香门第出身、毕业于上海城东女子师范学校的朱维瑰（字慧琼）成婚。次年，为侍奉家乡年老多病的母亲，又偕夫人一起回到了海宁，在硖石沙泗浜开设了公穀医院，以解闾里之疾苦，成为硖石镇西医之先驱。他医术高明，处事果断，工作认真，热情诚恳，深受群众爱戴。夫人热心于教育事业，在硖石赵家汇附近租用民房创办了硖石区立高等女子小学，任校长。后经各界捐助筹集资金建校于仓基街投壶弄内，改名紫薇小学（即为硖石镇第一小学的前身）。夫妇俩携手合作，共为桑梓造福，博得了大众良好的声誉。

1924年春，他在母亲病逝后复出，任国民革命军第二军第三师军医处处长、陆军第二师军医处处长，参加了国民革命军北伐、西征诸战役。1929年离开军界，先在安徽蚌埠开设私人诊所行医，后任武汉市立医院院长、平汉铁路卫生课课长。1934年因病返沪休养。

他身材中等，戴黑边眼镜，眉清目秀；为人谦和善良，乐于助人；谈吐风雅，和蔼可亲；生活俭朴，艰苦随和。他精通日文，博览群书，兴趣广泛，除医学外还爱好碑帖书法，能写四体书，尤以行书专长，在家乡行医时曾为商铺书写匾额。在沪休养期间，又师法浙派，醉心于金石篆刻，真可谓多才多艺！

两年后，他健康有所好转，先在上海东南医学院兼课。1937年春，又去杭州市工作。

同年，八一三淞沪战事爆发，因其弟复璁奉命随先叔蒋百里赴欧洲考察，开展抗日军事外交工作，无法兼顾家庭，行前兄弟会聚杭州，商定将由南京移居沪上的家人托付于他照料。9月8日他返回上海。当时在全民奋起抗日高潮的激励下，上海东南医学院师生在郭院长领导下组织救护队奔赴前线进行战地救护，他当即要求参加。郭院长深知其患有先天性心脏病而委言劝阻，但他坚定地说："国难当头，救死扶伤是医生的天职，我岂能不参加！"于是，他出任红十字会医务科长，积极投身于前线伤员的救护治疗工作之中。

10月3日，接北伐时好友曾任黄埔军校校医室主任金诵盘医师发来电报，邀其赴南京协助筹备野战救护处，他当即以国事为重，不顾一切奔赴南京，任野战救护处科长。11月底，形势日益紧张，南京政府各机关纷纷撤往武汉，而野战救护处则奉命担负城防救护工作，处长金诵盘更奉卫生部刘瑞恒部长令留京处理部务事宜。12月13日，南京不幸失陷，整个城市沦入了日寇的魔掌之下，烧、杀、抢、奸成了人间地狱。当时，城内尚有近万名伤兵未及撤出，他俩为了救护伤员，且又未接撤退命令而坚持留在城内，终于身陷南京，避居于各国驻华大使馆最终至难民营中近三个月之久。他目睹日寇在南京惨无人道的大屠杀，默默记录了日本军国主义者犯下的种种暴行。

1938年2月20日，在难民营中已度过两个多月，因经常有便衣日寇密探来难民营查问，处境越加险恶，他们商量决定抓住交通已有恢复之机，争取早日离开。25日，终于设法弄到了乘车许可证，证明是无锡难民，扮成小贩模样，与众多难民一起挤上火车到了无锡。为了安全之计，放弃了坐小火轮直达上海的计划，改坐小船，尽量绕过日军岗哨，从长江边的十一圩港过江，然后登上了挂德国旗帜的"享熙"轮。3月8日下午6时，轮船驶进吴淞口，靠上新关码头，终于脱离虎口，返回上海。当他辗转问询，踏进家门时，家人面对又黄又瘦、疲惫不堪的这个小贩模样的人，几乎认不出是自己的亲人了，真是悲喜交集。

归家后，夫人曾劝其留沪继续调养身体，挂牌行医，且已看好今上海淮海中路雁荡路口转角的永业大楼作为诊所地点。当时我家住在今重庆南路上的万宜坊56号，只要直穿复兴公园即至，十分方便。同时可共同照料其弟因公务留在沪上的家庭。但是，他以强烈的民族正义感和爱国心，决心弃家为国，与金诵盘等人共赴重庆。夫人也深明大义，毅然挑起沪上家庭重担，积极为其整理行装，支持他的爱国行动。

3月24日，夫人送他登上荷兰轮船“芝沙丹尼”号去香港，拟经广州、武汉去重庆。从南京脱险后回家只住了16天，与家人短暂的相聚又离别，想不到这一别竟成永诀！后来才知由于当时处于战争环境，交通阻隔，离沪后竟走了半年多时间，直到1938年冬才到达重庆，并出任军政部卫生勤务设计监察委员会秘书、办公室主任。1941年10月，由军政部军政署委任学术研究会书记、法规审查委员会书记。

在重庆期间，他对自己曾身陷南京难民营到脱险离京共80余天的经历，常在脑海中萦回，不能忘怀。为了揭露敌人的暴行，他凭自己的回忆和当时默默记下的日寇种种暴行，以日记的体裁写成了《陷京三月记》一书。鉴于当时物资匮乏，纸张排版费用昂贵，故仅节选不及原稿之半部分编印，但记述翔实，主要内容俱存，经自费出版后，流传甚广，立即激起了各阶层同胞同仇敌忾之心及国际人士的一致公愤，反响极为强烈。

1981年时，由先父蒋复璁主编亲撰《蒋公縠先生行略》及跋文，收录了公縠伯父原文自序和金诵盘先生原来旧序，又请先伯父当年参加北伐战争时的老首长、当时还健在台湾90多岁的顾祝同将军题签书的封面，又请国民党党史委员会主任委员秦孝仪先生及台北故宫博物院副院长昌彼得先生两人所作新序,在台湾重新出版。1995年,由蒋祖怡将此台湾版《陷京三月记》亲自携带南京捐赠侵华日军南京大屠杀遇难同胞纪念馆,该馆出具文物收藏证书给我存念。1938年,这本书最先在重庆出版后送呈国民党政府高层官员、军事将领,如陈布雷、朱家骅、李济深、程潜、白崇禧、张治中、蒋鼎文等。去年,侵华日军南京大屠杀遇难同胞纪念馆突然接到了一封神秘邮件,除内附先伯父蒋公毅当年重庆版《陷京三月记》外,还附有这些高官们阅后亲笔批示的读后感。为此,2004年9月3日,在纪念抗战胜利59周年时,祖怡作为家属及1995年捐赠先伯父蒋公毅著台湾版的《陷京三月记》者,特别受邀去南京参加评析会,并受中央及江苏、南京的电台、电视台采访录音并播放,让广大民众了解这段抗战史实,影响巨大,有力地驳斥了日本右翼势力否认侵华日军南京大屠杀的言论。

在评析会上,经专家评审,比对笔迹,初步核定神秘邮件提供的史料都是真实无误的原始资料,所以这批真迹史料和《陷京三月记》,有可能成为抗战史料中极为珍贵的国家一级文物。

祖怡还在这次评析会上将先父为伯父蒋公毅珍藏60年所遗留下来的十分珍贵的史料,如他早年参加中华民国红十字总会的会员证书、信封、会员缴费收据,由重庆国民政府军政部军医署署长签发的委任令,出任"战时卫生勤务设计检查委员会办公室主任"、"军医署学术研究会书记长"的印章,以及1941年11月和12月蒋公毅"公私机关服务人员家属赡养费国币汇款上海家属的申请书”等五件珍贵的家宝无偿捐赠侵华日军南京大屠杀遇难同胞纪念馆。蒋丽似从小过嗣给伯父母做女儿，故也特将珍藏一生的先伯父亲自绘图题字孝敬慈母的一把扇子，以及先伯父当年在汉口行医时的全身照相一张，借给该馆复制留影展览，以待该馆扩建馆舍后专辟先伯父蒋公毂先生专栏陈列纪念。

1943年初春，先伯父蒋公毂先生终因劳累过度，导致心脏病发作而与世长辞，享年52岁。先安葬于重庆郊区猫儿石公墓。抗战胜利后，其弟复璁将灵柩运返家乡海宁，移葬于赞山头先茔之侧（即石路乡高峰村四组）。“文革”期间，该墓在平整土地时被铲平。

从先伯父蒋公毂的身上，我们看到一个以国家民族为重，不顾个人安危在枪林弹雨的前线抢救伤员，又为救护伤兵未接命令不撤退而身陷危城的军医的崇高形象。他虽然未能看到抗日战争的胜利，但他的遗著《陷京三月记》在战争结束后被呈上了远东国际军事法庭，成为审判日本战犯的有力佐证。该书现陈列在侵华日军南京大屠杀遇难同胞纪念馆内。

六十年过去了，中国的神州大地也已发生了翻天覆地的变化。但是，从蒋公毂先生身上体现出来的中华民族浩然正气与伟大的爱国主义精神将永驻人间！

蒋公毂 女儿 蒋丽似 敬撰
　　　　侄子 蒋祖怡

蒋公榖先生

國民政府軍事委員會委員長桂林行營用箋

白崇禧题词

永矢弗諼

程潛

程潜题词

這是血的紀錄這是的的確確的
事實這是以概略說明倭寇之
殘忍酷虐沒有理性國人讀此
之後應該更加了然于這一基本
要的野獸能以最大的威力使
牠馴服不可

張治中題

张治中题词

地獄在人間濡筆從頭記持此告同胞
其中有血淚

己卯冬日題

蔣公穀同志日記

朱紹良

朱绍良题词

蔣公毅陷京三月記跋
履險而神志湛然不廢所職蓋得
力於禪定之真諦者爲鬼蜮慘
毒本如地獄變相讀之髮猶戟
豎則身歷者之悲憤可知揚州
十日尚無此沉痛也
李濟深

李济深题词

隨軍三月記序

余之個體驗與我們將又不殺而著隨軍三月記，陳君為醫務有且甚諳，余於今之得之又之困孤城，忠勇守歷危難不屈撓，出死入生諸事績，已略聞之，讀斯記而加詳。其既處陷劉使人起敬者，不可以一二數。而敵騎所至，淫亂焚殺，滅絕人理，亦可見虎狼窟之下更無完卵。非我族類，其心必異，然事之所必至也。斯記僅及首都一城內一隅耳，其狀醜惡，言已不忍卒讀，自餘淪陷諸城，人民之罹難者，尚難設想，言念及此，又不禁熱淚涔涔也。陳君又

以仁術濟世，所全活者實多矣。今且本其所能，以愛國熱忱之志，以從事於援死扶傷之役，盡力弘多甚。吾可因是書讀斯記者，視為中國抗戰史料中之一章也可，視為吾民族史中之一章也亦可。

中華民國二十九年三月 朱家驊

朱家骅题词

陷京三月记者，海宁蒋君公穀追纪二十六年冬敌寇入京之暴行，与野战救护同人冒险奋斗之经过者也。方神京沦陷时，金君诵盘以职守所在，临难毋避，海内朋好，时刻念之，有传其已在福昌饭店殉职者，余独信其不确。盖以金君为抗战之起，非有官守，而慷慨慕义，急国家之难，去西安以赴於正危，非如此明道之君子，其孰能之。信如此人而謂貢獻於横禍乎？其後金君果間關來渝，領導醫學群彥，繼續努力於抗戰。蔣委員長之訓勉屬曰「不畏艱苦，乃為真安全；惟行險以徼幸，乃身名之並辱」。誦蔣君此記，感不絕於予心。

二十八年十月陳布雷記於渝州

陳布雷

陈布雷题词（二）

同仇敵愾

蒋鼎文题

陕西省政府用笺

蒋鼎文题词

讀陷京三月記，令人如見敵寇之殘暴縱恣，不禁髮豎眥裂，而金君誦盤、蔣君公穀與野戰救護處同人當時置身危城，於萬分艱險中猶能竭其忠誠，不廢所職，此種臨難不避、蹈險如夷之偉大表現，是非具有卓越的革命修養者，烏能臻此？！披覽之餘，爰書數語以誌所感。

賀耀組

（印）賀耀組

贺耀组题词

与揚州十日記同其慘烈與虎
口餘生記同其危阨國人讀之宜
不禁怒髮裂眥欲忼慨而吞
胡羯 为隐京三月記題

何成濬

何成濬题词

血濺神京地豕橫髮難指
暴氣難平險經虎口重
追記一讀彌增敵愾情

為陷京三月追記題

林蔚

林蔚题词

目　录

旧序…………………………………………………… 1
序一…………………………………………………… 3
序二…………………………………………………… 4
自序…………………………………………………… 5
蒋公榖先生行略……………………………………… 7
陷京三月记…………………………………………… 1
跋……………………………………………………… 47

旧 序

仆赋性坦率，而又孤陋寡闻，未尝学问。民十四年服务黄埔军校，民十五年随军北伐，迭掌卫生勤务。虽于军医界滥竽多年，尸位素餐，鲜有建白，每引以为耻。爰自民二十年起，仍悬壶沪上，还我初服，以鬻技所得，供菽水之奉，荏苒数稔，恬如也。七七事变突起，转瞬波及淞沪，救亡图存，敢落人后，遂于是年八月十六日，毅然抛弃一切，只身赴京投效，以尽国民天职。讵事与愿违，稽留两周之久，未入报称之门，无已，悄然而返。九月二十一日突奉电召，乃不及摒挡，星夜就道。初奉命组织救护队，旋成立野战救护处，公毅弟等亦由沪来京，共赴国难。公毅系已故蒋百里先生令侄，家学渊源，又为军医学校第八期高材毕业生，北伐时历充第二师、第三师军医处长，久经战役，于部队卫生多所擘划，而又敏于思虑，勤于治事。近年皈依佛门，尤具菩萨心肠。共事数月，深资臂助。城陷，复矢志与仆共生死。是记描写当时顽敌入城后，奸杀烧劫之残酷，与夫友邦人士之不避艰危，力事救护情形，语语真确，事事翔实。独于仆鲁莽之处，倍加推许，于仆之未能尽忠职守，又每多掩饰，令人颜汗不止。溯自事变以来，我前方将士浴血抗战，壮烈牺牲者，不知凡几，后方民众，踊跃输将，毁家纾难者，又不知凡几。笔而述之，皆可歌可泣，永垂不朽。若仆才不足以应变，诚不足以孚众，临难又未能舍生取义，负罪方深。今公穀出示此记，不禁感愧交集，聊缀数语，以志忏悔，俾益知所警惕云尔。

中华民国二十八年一月吴江金诵盘谨志

序　一

《陷京三月记》，海宁蒋公穀氏之作也。公穀以军医于役北伐、西征岁久，事定，既已解甲。及淞沪抗日战起，懔于国亡无日，因复投袂，参与野战救护。南京之陷，甲士尽撤，氏尚与金诵盘诸医，救死恤伤不辍。弹裂于前，火炽于后，榱栋瓦石飘于左右，而担架之奔驰如故，医护之扶持伤患如故，一若唯恤乎乾坤忧痛，不知有一己之死生骤变者。用是陷贼三月，得以尽睹敌寇之残杀，不唯不恤颁白，且使互缚受戮；奸淫不问童媪，又复轮暴无已；阖门劫掠，十荡十摇，自将帅至士卒，无不捆载连舻接毂以行。矧昨日之俦侣，一转烛间，已化为豺虎奸逆，几不复知人间何世？原不忍见池水叠尸之惨，反曰："忠魂所在，正宜往吊。"闻游击队迫近，民间向悬日旗尽褫，其后来其苏之泪，盖与八百里河同深！仪以公穀此作，不以文词重，而以见闻重，又不徒以见闻重，特以忠节重，且此作亦足以使野战军医益为世重也。慰堂先生于公穀为昆弟行，既谋重梓此书，来问序于余。虽公穀久逝，国仇已雪，而浩气毅魄，固无间久远。因谨为之序。

抗战胜利后第三十六年辛酉三月秦孝仪心波序

序　二

今年春，慰堂院长出示其仲兄公穀先生遗著《陷京三月记》，欲重梓，命予董其事，因得拜读至再。是书记抗战初期南京陷敌后之所耳闻目击。予自民国卅四年始追随慰堂先生，尚无缘亲炙公穀先生，然接闻于慰堂先生平昔所道，于先生知之亦稔，先生孝于亲，友于弟，见于慰堂先生所书行略，亦已详矣。先生扩孝悌天性以事于国，则发为忠义之节，闻国难亟，毅然投袂而赴；长官不退，守危城而随之，救伤扶弱，克尽军医之职。敌骑入城，目睹其种种暴行，不计安危，奋笔直记，为历史留一纪录，亦诚有心人也。战争结束后，东京的国际军事法庭审判日本战犯，曾采此书以为罪证，盖所记悉实录也。据慰堂先生云，日记稿原不只此，昔在渝出版时，以印刷费用高昂，仅能摘要付刊。今原稿未能携台，诚属憾事。然仅此节要，亦足以垂诸永久，与昔之扬州十日，嘉定三屠，并为凶残者难掩世人耳目之殷鉴也。校印竣事，慰堂院长嘱序之，予素不能文，辞不获已，聊叙缘起，以发其端。

中华民国第二辛酉夏六月孝感昌彼得瑞卿拜叙

自　序

新中国的基础，肇始于革命军的北伐，而奠定于这一次的抗战；这是深可引以自慰的，在短促的人生旅程中，得完全参加这两次建国的战役。北伐时我是在第九军第三师，西征时我是在第二师，都负着当时全师的卫生责任。但接着的那些国内战事，我是已经脱离军队从事于地方医事及铁道医事了。

当二十六年淞沪战事激烈的时候，我本于役杭州，特于九月八日赶到上海参与红十字会的救护工作。十月三日，得金电，邀我赴京襄助筹备野战救护处，迄十一月十七日（那时已组成一大队在前方工作了），金始正式被任命为野战救护处处长。十一月底，南京的情况更加紧张，各机关都纷纷地往武汉撤退，本处奉令担负城防救护工作，处长更奉刘部长令留京处理部务，因此，我们很幸运地亦得参加保卫首都，这重大而又神圣的工作了。

经过了一度艰难的支持，首都失陷了。我们亦随着它，同沦入敌人的铁蹄下，度着悲痛的岁月。自十二月十三日敌人占领南京，迄二十七年二月二十七日，我们始脱险离京，中间一共有八十几天，其间所经所历，常常萦回脑中，不能忘怀。特别是处长那种临危不苟、坚忍果毅的气度，与夫凛然的风节，更加值得人们去师法。他是医师，所以有着医师应具有的慈悲,为着近万的伤兵,不顾生死地奔波;他抱着正确的认识无畏的精神,所以即使在炸弹和枪炮的铁片里,犹自镇静地处理职务,竭尽他的忠诚,为国家出力。南京失陷了,整个的都城,都罩在魔鬼的黑掌下,但是他仍然冒着生命的危险进行工作,设法与汉口当局通信报告,这种英勇的事迹,是值得珍惜与宝爱的。我很欣慰能够追附骥尾,一同度过这一段险恶但是光荣的过程。为了纪念,我凭着记忆,用日记体裁,粗枝大叶地写了出来,也就顾不得文笔的拙劣,不能尽量描摹当时的情景于万一。惟所记的事实,都是真实不虚,不敢犯妄语的大戒,那是我可以自信的。

先仲兄公毂先生行略

呜呼！惟我先府君弃养之四年，而我仲兄殁于渝州。遘时艰虞，遭家多难，尽然不知涕泪之何从。盖痛结于中，情有不能自释者，爰铨次仲兄平生，陈祈矜鉴。仲兄讳福京，字公毂，姓蒋氏。生于清光绪壬辰四月十二日，先世系出宜兴，随宋室南迁临安，继迁海宁，又迁蒋村，康熙间乃迁硖石焉。曾祖讳光煦，好藏书，善校勘，著于道咸间，世所称别下斋主人是也。祖讳学济，能文章诗，见续两浙輶轩录，行谊详邑志。父讳方夔，多著述，未梓。先府君生子六，其三早世，兄居次，曰仲，出嗣叔父剑云公。叔父讳方骏，治经学，有师郲说斋经说行世。仲兄幼颖敏好学，十三应童子试，列前茅。以祖妣之丧辍试，从单不庵先生学，深得嘉许。继随伯兄入海宁县立小学，又入杭州浙江小学，因病辍学，赴日依伯兄就医，半载始愈。内科名医井上哲次郎断谓心孔狭窄，将贻后忧。迄今三十年，仲兄及家人多忘斯语，而卒以心脏病不治。呜呼！疗之未豫，复瑭总无所逃其责焉。疾瘳返国，由钱塘小学毕业，入杭州中等商业学堂，继入青岛特别高等专门学校，复考入天津陆军军医学校。盖吾家贫，所守者先世诗书之遗泽，岁时薄入，仅敷一人束修。复璁时已入中学，需费多，故兄改习军医。军医学校可免费，意在使弟勿废学也。民国五年毕业，与教官沈修是先生共创益世医院于天津，医术益进。六年冬，绥远鼠疫蔓延，兄任疑似病院院长，至绥办理防疫事宜，全活甚众。继任军医学校医官、西北军第四混成旅军医处处长等职。复以先妣衰年多病，因回乡设公穀医院，规模虽简，经营实劳，所以解闾里之疾苦，且以疗亲也。十三年，先妣弃养，出任国民革命军第二军第三师军医处处长、陆军第二师军医处处长，历与北伐诸役。十八年，任武汉市立医院院长、平汉铁路卫生课课长，二十三年以病回沪，息影休养者三年。抗战军兴，复璁奉命随先叔百里公赴欧，行前与伯仲二兄会于杭州，时家人多居沪滨，约定由兄至沪料理家事。沪战益烈，兄愤激，置家人不顾，出任红十字会医务科长。凡前线之救护、治疗，均身任之。继更入京，任野战救护处科长。战薄城下，僚属役夫均退，而兄与处长金诵盘先生，以伤兵多在城中，且未得命令，终不撤。城陷，隐难民中凡三月，濒于危者数数，事详所著《陷京三月记》，终能脱险，惫且病矣。时复璁由欧返国，电劝稍休养，又不顾。间道走武汉，二十七年冬乃克来渝，任军政部卫生勤务设计监察委员会主任秘书。逾年，先府君卒于乡，又四年而兄病故于渝。复璁在渝，以事繁未能朝夕在侧，以贫又不克广求良药，闻疾亟奔赴，则已喑不能声。呜呼痛哉！兄之侍先府君及先妣也，先意承志，善博慈欢，亲族称纯孝焉。于伯兄则友爱出乎天性，当疗伯兄疾，目不交睫者月余。其于复璁也，盖竭其毕生心力，以养以教，以提携之，俾于成立。复璁以少子为先府君暨先妣所爱怜，幼多病，疗护悉由兄。民国十年，尝患肋膜炎，且不治，兄多方调护躁扰，中且为诵法华经，复璁愈，兄信佛乃益笃，自是修持垂二十年。盖推其孝于亲者及于弟，且爱及复璁之子女。病中尝言，有一孩来，吾即乐矣。羁旅孤对，复璁竟无以餍其望，临终神识不乱，含寂晏然，享年五十有二。复璁亲视含殓，遵礼治丧，权葬于猫儿石公墓。俟大难敉平，当扶柩东归，改葬于我先茔之侧。配朱夫人，能体兄意，事舅姑谨孝，无所出。遵先府君遗命，以复璁子祖安为嗣。呜呼！兄平生以医术济世，矻矻若不得已，似深有得于儒与释者。然其见于骨肉隐微之私者，一出乎至性之慈仁。然而流离琐尾，终老忧患，复璁何忍述焉。惟惧潜德弗彰，爰状其志行之荦荦大者，以备立言君子之采择云。

中华民国三十二年四月十日同怀弟蒋复璁和泪谨述

陷京三月记

二十六年十二月一日　在先成立的第一救护总队的第一大队,配备于昆山一带,后来即随着第三战区兵站向西侧退却,故此次奉令筹备城防救护事宜,势非另行组织不可。在上月二十左右,处长承李明扬将军介绍他的旧部李团长长江,请他帮忙,筹组第二救护总队。进行很快,一千多名的官兵,不到一星期,居然完全招齐了。但都只穿着单夹的服装,万不能御寒,这时候有了资财[①]无材料,有了材料无人工,要做是万万来不及的,刚巧各机关都匆忙地离京西迁,其中卫生机关搬运不了的服装与器材,实在不少,我于前日(十一月二十九日)随处长前往中央大学视察医院时,得便搜集了[②]许多[③]被服、线衫、毛巾等物,雨中与程斌君搬运回处。现在正好转发应用。昨日(十一月三十日)下午四时随处长陪同刘部长赴竺桥小学检阅该队。

刘部长等于今晚离京,临行,令处长留京处理部务。这事,我们事前毫无所闻。本处大部分人员,因工作上的关系,都已西行,留京者不过五人。处长今日移住傅厚岗处内。

按语:本书所有页下注皆为《导读》中所交代之神秘人士寄来的《陷京三月记》书中的钢笔改动部分。

① “资财”改“经费”。

② “得便搜集了”改“看到有”。

③ 此处增加“空置着的”。

二日 今日随处长移往中央路一五六号刘部长官邸办公，因为该处设有军用电话，通讯较为便利。

下午往兵站监部，为第二救护总队请领军米及咸菜等物。但军米系存储三汊河，苦无运载的工具，那是要想办法的，后于卫生署及卫生事务所弄到他们遗弃的汽车二辆，在卫生事务所那一辆，还偿了他们[①]二百多元[②]一个车胎价[③]，才给我们开来。

三日 留京卫生机关，原有八个医院，四个收容所，四个接应所，及第三汽车组，今接卫戍部的通告，对于这些卫生机关，也都已列入战斗序列。军医署有驻苏办事处，卫戍兵站监部有卫生处，是应当直接负起调度配备的任务，以发挥他们工作的效能的；但时间匆促得很，恐怕有误戎机，故决定明日由处长召集各该单位主管人员会议，以划分各部分的任务及地区。

下午四时随处长赴竺桥小学，对第二救护总队训话，大意谓："在这紧张危急之际，李总队长能于一周内召集如许的弟兄，来同负救护的工作，足见各位都是爱国志士。各位过去[④]当过[⑤]兵或[⑥]官的，战场经验，自然极丰富。[⑦]这一次可是与从前不同，是国家民族的存亡关头，你们要以大仁大勇的精

① "还偿了他们"改"有一个车胎是损坏的，我们化了"。
② 此处增加"替他们装置了"。
③ "价"去掉。
④ 此处增加"都是"。
⑤ 此处增加"战斗"。
⑥ 此处增加"是正式军"。
⑦ 此处增加"但是"。

神，去完成你们的任务。”辞气激昂，振兴了全队的精神。

四日 刘部长临行时，原签有[①]两万元的领据，可以向军医署办事处领款的；但是几度与之接洽，办事处始终推诿敷衍，结果只拿到1500元。第一总队，正在西移，第二总队驻城工作，都急着待款应用，连电汉口方面告急，也是杳无回音；所以处长焦急万分。今日特派侯视察向卫戍部借到七千元，暂时先发给第二总队应用。下午三时，留京各院所各军师军医处等主管人员，均齐集中央路一五六号出席会议。先报告各该部的运输、收容、医疗力量以及位置、距离等情形，再逐项讨论。决定卫生材料及经费的补充，应由办事处负责。至于工作的分配，以及在野战区内救护地，对于伤兵的包扎、集合，则各队附卫生人员应切实负责；然后再由救护队输送之。各接应所收容所指定在交通沿线，各医院仍在北城一带。

晚九时，处长赴后方勤务部出席会议，并奉俞部长转交[②]副司令长官命令：“着即伤医院一所开赴镇江，收容伤兵。”当即遵办。

五日参谋副总长白移节中央路一五六号楼上，我随处长住在楼下，仍照常办公。下午拟定配备救护队地区任务命令一件。

晚九时，处长仍到后方勤务部去出席会议。十二时许，又接该部钱参谋长电话，谓：“据报，下关江岸，有伤兵千余，

① “有”改“留下”。
② 此处增“顾”。

无人照顾，转请查明安置。”经电讯数处，才晓得确有百余名伤兵在码头待运，已经该处接应所派人照料了。

六日 闻敌人已逼近汤山一带，城中可以隐约地听到炮声。

救护队明日出发的命令，已经处长判行，于今日送达。

下午一时偕副官余瑞华到下关看船，也是要雇到三汊河去运米的。行至二马路，突然听到警报，敌机已闯进市空，盘旋在下关一带，狂肆猛炸。我站在市街的屋檐下，被震动得很剧烈。大概经过了二十余分钟，敌机飞往对江去炸浦口了，才得急匆匆地赶进城。处长正在焦灼的[①]伫候中[②]，已为我担惊不小了。五时再到下关，将雇定的船只，指定停泊于中山桥下。

晚间九时，处长仍到后方勤务部去出席会议。

七日 晨六时许，第二救护总队的全体官兵，已沿中央路集合完毕。处长邀请白副总长检阅，适因公即将外出，乃派孙高级参谋代表巡视。当白副总长公出路过时，见到全队的精神壮盛，频频点首嘉许。遂即由处长训话，除勖以“尽忠服务，奋力救护”外，并希望他们能够“相应时机，加入杀敌。徒手出去，武装归来”。所有队员，本来都是行伍出身，听到此语，无不欢声雷动，亟欲一试他们的身手，即刻就分队出城去了。

午刻，接卫戍部电话，着另派救护队一分队驻城内新街口，以防轰炸城区时，施行救护。

---

① “的”改“地”。
② “中”改“着”。

白副总长将于今晚过江北上。刘高级参谋曾语处长："你们是野战救护处，第三战区方面，也有你们的救护队，现在对于城防救护事宜，既然已经布置妥当，就应当撤至城外适宜的地方，那才对各方面都可以策应如意呢。"约着一同走，正谋派侯视察为驻京办事处主任，并令李队听其指挥。忽接唐司令长官电话："请处长仍留京坐镇，以指挥一般卫生人员，使他们不致慌张动摇。"并约明日面谈。当然，我们的行止，是应取决于司令长官的，处长便满口答允。当时顾司令长官也在座，问我个人决定怎么办，我答以"处长不走，我亦不走，自当随同留京"。处长语我："我尽我职，君尽君职，自今以后，生死同之，艰苦存亡，一切不计。"并即电告郭副处长，请他对第一救护总队负责指挥，不要以我等为虑。

南城一带的炮声，较昨日更紧晰了。因为同各方联络的便利，而且办公亦较安全，我们便于今晚移住福昌饭店。

八日　晨仍到中央路办公。办事处指令开赴镇江的江院长，今午来请示处长："乌龙山方面已不能通过，所以该院没法到达指定地区。"处长当即令开浦口，专任收容过江伤兵，并转运至后方的事宜。

下午二时，处长遵约往谒唐长官，他派周参谋长代见。处长建议将城内所有之医院，统开浦口一带，城内外分段设接应收容等所，并于江干指定船只，倘前线伤兵下来，可以按站输送过江，于医疗及运送上，均有很多的便益。但不蒙采纳，只好另外再想妥善的办法。

晚七时，在福昌饭店膳厅请各院长聚餐，商量伤兵收容及转运的办法;在座的尚有各军师长及外侨二人。谈论的声浪,往往为大炮与机关枪的声响所乱。忽然轰天一声响,掠着长空飞过,连福昌那样坚固的建筑,也被隆隆地震动了。有的揣测着说是炮声,也有说是地雷的,但大家始终吃不定是什么声响。

九时许,随着处长站在福昌最高一层的屋顶上,瞻望南城,尽湮没在迷漫的烟雾里。大炮与机关枪的声息,连续着[①]不断。大概是炮弹的炸裂吧,不时可以看到红光冲起,划破这一片幽暗。中山路上,暗无灯光;只有我们救护队的若干小队,手里提着桅灯,担架了伤兵,陆续地向北城运输。正看得出神,突然一个炮弹,倏地横飞过顶,于是处长说:"我们还是下楼去罢。"

福昌主人丁福成君,夜间到我们房间来了好几次。他力劝处长同他一起离京出走,差不多说到天亮;但无论什么利害,总不能摇撼处长忠勇[②]的意志。最后,向他说:"你的财产,既已委托有人(托德侨史排林管理),自以早早离开为是。至于我,是负着重大责任的人,断不能自由自在的出走。倘我现在跟你到汉口,这叫作逃,逃的人生命是有了,[③]再拿什么面目去见人呢?生死成败,[④]早已置之度外,请你不要代我着急。但是你的盛意,我是很感谢的。倘若你到了汉口,请你代

① "着"删去。
② "忠勇"改"坚定"。
③ 此处增加"可是"。
④ 此处增加"在我"。

我向部长当面报告，那我益发感激不尽了。”当下便很[①]坚决地断然回绝了。

九日 晨，仍赴中央路办公。丁君确已于今晨过江了。

听说敌人已攻到麒麟门一带，逼近城垣了。枪炮声较昨日更来得密集而清晰。城南八府塘，已遭到敌人的炮弹。敌机更不断地时刻在城空盘旋侦察；完全是战场上的情景了。城内的秩序却依旧井然不紊，我们还是照常办公，也并没感觉到有什么可以惊慌的。

每天都有成千的伤兵陆续地由城南运送进城，处长因为医院分散在各处，不便于收容；且杜院在八府塘，已遭到了敌弹的轰炸，决令各医院集合在外交部及军政部二处，把职务划分开来合并收容，这样更可减少很多的麻烦。

入晚，办事处长伍 ×× 及第三卫生汽车组卢 × 来谈。据说我们[②]并没有[③]剧烈地抵抗，南京恐怕危在旦夕了。办事处副处长兼卫戍兵站卫生科长骆 ×，今日已一天不见，或者已出走了。嗣即随处长偕伍与李，我们四人坐着汽车驶往下关视察该处收容所伤兵情形，不料该所亦私行退走过江去了。[④]望不到一丝灯光，只于朦胧中看到幢幢的人影，如死尸般地踏着凄凉的脚步，情状真凄惨极了。江边有几艘大船，正在装载汽车，对江便零落地发枪射击；这当然是警戒不准

① “很”改“这样”。
② 此处增加“部队”。
③ “没有”改“不”。
④ 此处加“沿路”。

过江，但其实是包孕着绝大的矛盾的。今天自来水已不大畅流，电灯也时明时熄。夜间十二时后，炮声转烈，都向着城中射击；窗外不时掠过一道道呼呼的白光。我因为昨天少睡，疲倦万分，倒也不觉其为危险了。惟为避免这种凶猛的炮声，和那强烈的闪光，便移卧床下，居然睡得很香甜，同楼尚有粤军[①]军官数人，听说都在我酣睡之中匆匆地走了。

十日 起床，才悉福昌的厨夫、侍役，亦都跑开了，已不能供给膳食，只得买了几团粢饭来充饥。自来水竟完全绝流了，无水洗脸，倒还可勉强，可是便[②]桶不通，弄得满室熏臭，这真是无法解决的。

九时许，祁明镜（一二三院院长）来，正要随着处长一同下楼到中央路去，忽然得鼓楼医院电话，谓“新街口以北，受敌弹射击，沿路民众与士兵死伤者很多，应即分别措施”。正在接谈中，听到一弹，就在很近的所在爆炸，我和祁急向窗外探视，就在屋后，尚冒着一团烟雾。接着敌弹竟继续不断地集中在福昌这方面，前门已落到三四弹，屋顶的水箱，也被击中。我们都认为不能不脱离此危险的境地了，乃一同下楼。跑出门，就瞥见我们的汽车在焚烧中，急折向北，进华侨路，处长忽然走散了。就立在门口等，大约等了四五分钟，处长始到。这时敌人依旧向这方面瞄准射击，沿途民众，如潮涌般都朝北奔走。我们既没有一定的目的地，也就随走随仆地跟着他们跑。恰好碰到福昌的侍役何海清，他原是美使馆的侍役，

① “军”改“藉”。
② “便”改“拉水马”。

经他邀往美使馆暂歇。是时处长仍令祁赶回医院，迅将卫生汽车接收过来，负责办理伤兵运输事宜。并指示一切，请他转告各院，镇静工作。午后处长偕德侨史排林回福昌饭店携取行李，据云福昌门首，被击死了数十人。

十一日　晨，随处长到外交部祁院办公，一般未离京的民众，都纷纷向难民区搬迁。难民区的范围为中山路以西，广州路以北，山西路以南，西侧靠近城脚，所谓新住宅区，大概都包括在内了。

据报军医署驻苏办事处人员，均已离散，伍[①]亦告失踪，本处副官余 ×× 也不告而别。下关江边所有一切船只，都经卫戍部统制集中煤炭港看管，伤兵出城渡江，亦须得卫戍长官的手令，才可放行。处长因感觉到情形既然这样严重，重伤的士兵，实在无法可以尽量运送过江了。乃于下午二时，亲赴国际救济委员会，向该会主席拉贝氏提议组织国际红十字会医院，冀其收容重伤兵，俾他们可以安全住院。答称："须电敌方，征得同意后，方有保障。"处长当即慎重声明："我们来请求设立医院，并非为了战事的如何变化，亦非是贪生怕死；这纯然是根据红十字会条约为人道而发的合理的请求，所以希望贵会亦应该有合理的办法。"理直气壮，该主席为之肃然。

十二日　晨起，即赴外交部祁院办公。天气颇清朗，二三架敌机时刻在城空环绕侦察。伤兵陆续地被送进院来，在前面的草地上，有坐卧曝日的，也有由看护小姐扶陪着散步

---

① 此处加"×"。

的。当事者的工作是紧张的,在这圈子以外的一切情况,仍然极煦和安详。

十时许各院长均来,处长指定祁、杜、宋三院集合外交部,冷、尤、李三院集合军政部(宋、李二院,工作人员均已走散,只有光杆院长);六院的人、物、财合并工作,分运输、治疗、管理、给养、材料与经理等六部分主要职务,即由六院院长分负其责。但办事处的人既已星散,材料经费因之便失了给领的所在,又不知战事可以维持到什么时候,故只有电汉刘部长报告一切情形,并请迅予接济,殊不知电报局亦已停闭,因设法由无线电拍发,也不知可以接到否?

苏州红十字会救护队计有男女队员二十人,都是热心爱国的青年,他们于十一月三十日徒步来京,投效本处;除派遣一部分随李队出城服务,女队员过江离京外,此时所有重要命令的传达,伤兵过江的护送,都是由他们不避艰险地负责担任的。队长蒋雄君尤富胆识,的确是可以担负重大[①]责任的人,今日受命护送千余伤兵过江,二时许派队员来报告:"江面缺乏船只,无法运送。"正拟向卫戍部洽商拨发,又悉他们已在上游找着了一只破坏的汽船,经他们自行修理,居然可以开行了,当即输送过江数百名。及后情形混乱,他们能否安然转回,则不得其详了。

四时许,中央路山西路等处,都已堆积着沙包,交通亦被遮断,情形极为严重。处长当时即指示祁院长,仍镇静工作,

---

① 此处加"的"。

说:“我决不出城,请你非在万不得已的时候,不要离院,好在这里距难民区是极近的。”握手叮咛再三。随即拟同我回傅厚岗处所,因该处尚存有公物若干,是应妥为处置的。不料各路口都已堵塞,车辆不能通过,但并无一兵一卒的驻守。中山、上海等路,成千成万的士兵,杂沓不绝地由南向北奔走着,我还以为是换防的呢?西南方面,大约在中华门和水西门一带,响着密集而剧烈的机关枪声,不得已只好随着处长进[①]难民区,暂时躲避在美使馆内。

迄夜,城北三牌楼一带,枪声突起,据云,是防守挹江门的部队与退兵冲突,双方都有死伤。结果还不是都出城而麇集在下关江边!可是没有船只可以摆渡,于是再沿江西走,乃为敌人所袭击,全部覆灭。其中有些胆大勇敢的,就浮木渡江,命运诚属是可悲的,不是中流灭顶,就是被敌人击毙。交通部着了火,火势很大,染得红光满天,那都是自己纵火来破坏的。过了十二点钟,情形更加混乱了。我们三人(处长、司机王万山及我)在那黑暗的房间里,默然不则一声;虽然经过了一天的疲劳,但哪里睡得着呢?我的床位正对着后窗,所以外面的情形看得很清楚。红绿色的信号连珠价地升向天空,接着敌炮就瞄准着该方面射击,每颗炮弹都掠过使馆的上空。城北燃烧着一大堆融融的火光,城南只听到密集的枪声,上海路上,杂沓的步履声间夹和着叮当的刺刀声。左近的小巷内不时有尖锐的呼救的声音,那是一些万恶不赦的禽兽

① 此处加“人”。

般的汉奸，在乘机展开他们凶暴的戾吻，枪击[①]着行人。这一夜悲惨与恐慌的景象，在我们的生命的过程中，刻下了一道很深的烙印，那是我永远不会忘记的。

十三日 昨夜的紧张，今晨还依然继续着，机关枪声已忙乱了一整夜，大约这是水西门方面我们防御部队所发的吧，到六时光景，突然低落下去，寂然无声了，只有大炮声还在零落的间歇着，已辨认不清是属于何方的了。上午十一点钟左右，变成了一个满目荒凉的阴寂的世界，没有一丝声息，没有一个行人，地上堆满了轹乱的军服，尤其是在难民区内更多。我是于九时许才见到敌人，满载于一辆江南公司的公共汽车里，经上海路往北驶去。据那位刚刚逃入使馆内的人说："中山路上敌人已如潮涌般地填塞进来了。"

下午三时，祁明镜匆匆惶惶地襆被来投，说："医院昨夜先由全院官兵努力支撑到了天明，方才探悉敌人确已进城，不得已退入难民区内。全院伤兵尚有三百余名，已有圣公会美侨梅奇牧师出来接收维护了。但我们虽避居难民区锏银巷耀华里内（原是处长住宅），以为可以安心住着了；不料敌兵也照样光顾，恣意抢劫；那面实在不能再住了。徐先青、黄子良等几个同事，是同我一起搬往耀华里的，恐怕他们亦得另想办法才行。"我们所住的房间，是美使馆鲍秘书的侍役住室。处长睡一残破小铁床，我与祁合睡着在三块狭的松板，王万山睡在地下；祁妻与杨厨役妻睡在另外一间。使馆负责的

① "枪击"改为"为虎作伥，抢劫"。

外人，都已上了兵舰，现只有寄宿的美国新闻记者二人。馆内事务，由一邓某负责，全院避难的约有三百多人。

十四日 晨起，听到枪声断续地响着，那是敌人在射击我们的平民。瞥见窗外的敌人，三五成群地在路上蹀躞着，有时作着狰狞的面目，像要扑进馆里来的样子。闻说难民区外屠杀的情形，惨酷极了，区内于昨天起，也已开始了抢劫。

在我们卧室窗外马路对面的高阜上，原有着几家苦力所住的窝铺，午间，有卸装官兵六人，携有锅灶粮食等多件，因为无处可以投奔，就住在那里的防空壕里。看他们的情形，实在狼狈到极点；但转想自己的境况，也未见可以乐观的吧？

十五日 仍可听到断续的枪声，又在把无抵抗力量的平民当作靶子打了。晨间，见有穿着黑制服的敌特务员来馆，由一位新闻记者与之周旋敷衍，结果被他硬借去汽车数辆。下午，又有敌兵数人逾墙窥探，要想爬进来抢东西，经一位新闻记者擎枪喝退了。美使馆是位置在五台山上，所以从我们居室的后窗，可以眺见宁海路。就在那马路上，我见到敌人押着我们的同胞数百人，分批走过，传说是拉去作苦力的，但后来我们晓得他们没有一个能够生回。

十六日 今天是首都沦陷后的第四日，听说敌人的暴行益发狂肆，情形愈来愈恶劣了。

难民区内的每一住宅，敌人日必进出七八次，劫掠复劫掠，后来的如搜劫不到什么物品，便将箱笼捣毁。当他们一进门，就急忙吩咐“关门”；倘若应付稍迟，每遭刺击，这种手段，倒好像他们对于抢劫很有过训练似的。

下午崔品三（美使馆的侍役）来说，他们使馆人员所登的那艘兵舰巴纳号，在芜湖被敌机轰炸，他的主人鲍秘书受了极重的伤。敌人来通知那二位记者，要他们前去探视。难民区的周围，自十三日起，每天都被敌人恣意地放火焚烧，今天望见南城一带，有七八处在燃烧中。夜间，火光照耀得如同白昼，一缕缕的红光中夹杂着房屋折断塌倒的那种烨爆声，心为之裂。

十七日 那二个美国的新闻记者，于清晨匆匆地携着行装出馆去了，据悉是由敌机载送出去的。立刻，全馆的空气变得异常愁黯了，失去了保障似的，大家都怀疑顷刻之间会有危险到来。到了夜里，果然有敌兵数人来光顾，先撬开地下的汽车室，推去一辆汽车，随后又到馆内强拉去两辆。这汽车，都是馆内职员及他们的侨民寄存的，钥匙亦归各人带走，绝不能作为战利品看待。而敌人竟不顾一切，将锁内电线割断强行推走，这种伟大的强盗行为，真可令人咋舌。

下午祁明镜的兄弟祁刚（本来在医院里服务）偕同看护徐君狼狈逃来。他们因为耀华里被敌兵恣意骚扰，实在不能再留了，乃于十六日大家投奔司法院难民收容所，但是该所因收容了数千名失了抵抗能力的警士的缘故，敌人正在大事搜索，不分青红皂白，凡是青年都被捆缚押走。不得已他们又只得各处奔窜。黄子良率其同乡难民三十三人进金大收容所；徐先青率该院护士等进鼓楼医院内的难民医院服务。本处副官汤庆华在十二日晚上尚在祁院内协助守卫，天明失散，迄今已五天，不见他到耀华里来过，亦不知他的下落，恐怕已经牺牲了吧。

十八日 今晨起来就听到空机关枪声渐渐转烈,敌人设有修械所在前面,所以终日试放,震耳欲聋。外面的情形,依然悲惨难状,除了烧、杀、抢之外,更加了强奸妇女的龌龊而惨酷的行为。不问老幼,只要是妇女,就是七八十岁的老太婆与八九岁的幼女,被他们撞到,亦决不会幸免。最惨酷的是轮奸,有的竟被轮流强奸达数十次的。而被奸之后,还是难以免去他们的残杀。我们在这里常常听到贩夫走卒间的谈论,他们都以为打败仗而被烧被杀,那是民族和国家计算得到的应有的牺牲;但强奸妇女,无论如何是一桩卑劣的行为,是国家民族切骨的深仇,应该不顾一切,誓死起来反抗。许多可歌可泣的事实,恐怕都是由此一点敌忾的情绪演化出来的。现在敌人的兽行,正在挑拨我全民族的仇恨,我们要努力洗刷这些耻辱。

隔室的老朱,也是馆内的厨役,家里在西康路。他的老父已七十多岁,因不肯离开,留在家里。下午忽然听到他的哀号痛哭,原来老父已被敌人惨杀了。曾恳金女大美籍教员魏小姐陪护着前往探视,只见尸体横卧檐下,敌兵多人,占据屋内,正在高歌狂欢:他们就没有敢逼近去殓尸,饮痛而归。一壁诉说,一壁哭:“人已死了,还不让我们收殓。”越说便更加恸哭得利害了。

十九日 晨起即听得有敌兵数人来劫汽车,馆内的华籍职员,无法拦阻。所有可以行驶的汽车,截至今日已悉数为敌掳去;此后或者可以因为没有了劫掠的目标而少安了吧?外面枪声依然断续未停，流弹的横飞，时常有人遭到不测。馆内有一司机，因蹲在前面的草地上，忽被一弹击中腹部，大约未穿过肠管，经立即送往鼓楼医院救治，幸未殒命。

二十日　当我们受命留京的时候，早已料到有困苦艰危的一天。这种机会是毕生难得遇到的，那时常在我脑中盘旋不辍的是应该怎样奋斗去应付这时的难关。处长又常鼓励我："报国的机会是千载难遇的，我们决不可轻轻放过。"故决心努力做去。但万不料军事的急转直下，不到几天，首都就会沦陷的。我们虽没有执干戈卫社稷的力量，却也不敢弃职潜逃自增罪戾；不得已才进美使馆。使馆中主人都走了，一时来了这三百多名不速之客，自然无人招待，只得临时买米作炊。设了许多法，花了五元钱，买来两斗米。恰巧卧室的门角有人家寄存的两缸腌菜，正好供我们佐餐的用。混到今日，米已吃完，腌菜也被他们拿走了，乃与杨司务打商量，结果答允分售面粉一袋给我们。这面粉原是卫生署的八十包存项，在刘部长临走时送给他们的，今日却持来救我们的急，世界上的事真正谁也想不到的。饮水自十一日起就没有自来水供给，都由塘内挑取，竟是泥汤，但谁也没有这般大胆，敢出去担水，大家都只好将就着用。我们多人每晨合洗脸水一盆，以免浪费。当时的口号是"喝黄泥水，睡硬松板，泄千人坑"确是实在的情况。后来才知道，这黄泥水还经过忠躯冤魂浸过的。

我们来这里已有八天了，除了煮饭是一桩唯一的重要工作外，其余就是同几个接近的使馆侍役，在他们的厨房里坐坐谈谈，始终没有露出底细，他们也不明白我们是什么样的人。所以处长常叹说:“我一身都是清骨,就觉得这双手太俗,每引以为怪,今日混迹厮养,总算应验了。”及后对于被困同人,仍谆谆以气节是尚,一点不肯含混。

二十一日　今天纵火情状,更加剧烈,计有十几次的火舌,冲天飞腾。又不知有多少同胞的生命与家计,都荡尽于此了。据外来的人说,所有公私房屋内的贵重家具存物,差不多全被敌人搜括一空,都载往下关,运回本国去了。所有剩下的不值钱的东西,纵容一般穷苦的难胞,抢夺出售,藉作将来嫁祸的遁词。如汉西门龙蟠里军医署仓库,被抢出去的白布被单,每元可买四五条,枕套每个只卖铜元四枚,上面都印有红十字的标记,他们却拿来做卖香烟的提囊,我见了,心头不觉酸痛难忍。

二十二日　近日街上渐见有行人,大概都是一般亡命之徒。也许有的为了被生计所逼,出来做这种抢窃生涯,弄到东西,就在我们窗下上海路一带兜售,都是旧衣居多。处长因为天气寒冷,被褥单薄,咳嗽时作,我在门口买了一条皮褥,给他铺垫。同时更买到一点蔬菜与豆酱,自被陷后到今天才尝到新鲜菜蔬的滋味,真比三月不知肉味的肉,还来得好吃。

二十三日　敌人最初进据南京的时候,他们估计,城内尚留存着数万我们不及退走的军队,因之他们陆续搜索,演尽种种惨无人道的杀人手段。他们搜捕,凡是壮丁,不问其是否是军士,都指认为“恶鬼”,一群群地押着在一起,迫他们互相捆缚住,然后——他们决不以枪弹来射击爽爽快快地处死的——用刀刺戮、劈杀,或者举火焚死。最残酷的莫过于活埋了。悲惨的哀号,那人类生命中最后挣扎出来的一种尖锐的无望的呼声,抖散在波动的空气里,远在数里以外,我们犹可以隐隐地听得。屠夫的心术是奸诈而多疑的,至今他们还不肯放下那血腥的手,认定尚有二万多的失去抵抗的国军,杂在难民区里,为了要再度严密的搜索,于是想出了登记的办法来。今天各处的墙壁上已张满了布告,说是明天开始举行。这又是我们一重难关了。

十二时后,隔室的老朱低声相告:“敌兵爬过墙来了,正在公事房内搜抢财物。”结果抢去了一只手表和法币六元。因为当时东院(使馆在路的东部有单线电话可通)的电话铃,忽然丁令……地响起来,他们贼人心虚,即将电话线割断,便匆匆地走了。这种贼头鬼脑的土匪行为,就出在那自称为文明国家的征兵的手里。

二十四日 一早敌兵又来抢去汽车两辆,使馆的汽车,不论好坏,全部被抢光了。他们弄这么多汽车去,是在装载所抢的东西,我每见到他们部队移动时,后面必定踢踢踏踏跟着许多破汽车,烂的人力车、牛车、小车和驴子,都满载着,外面拿油布遮住,这掩耳盗铃的办法是欺蒙不了众人的耳目的,谁都晓得这都是抢来的贼赃呀!

午刻黄子良和徐先青都寻来了。这是十二日分散以来的第一次见面。大家互相诉述着这次遭难的经过。子良率同了同乡三十三人,原住在耀华里,但那里亦不能再留了,幸美侨李格斯护送他们到司法院收容所,适该处敌兵正在搜捕我无抵抗的弟兄,情形更加危险,不得已转进金大收容所,当夜露宿在图书馆的旁边，到了第二天才搭了一个席蓬子安身。他本人帮助收容所做了个难民管理员。先青当时也到过司法院收容所，出来后又回到耀华里，但他的房间，已被难民占据，只得暂住廊下，而难民反向他索取寄宿费二角。这时敌兵正在周围搜劫，急忙将存有的军衣等件投入井中，不料适被对屋正在搜劫的敌兵看见，就捉住了先青，罚他淘捞，当然捞不到什么的。敌兵却嬉皮涎脸的要先青将他抢来的东西逐件指识，值钱的赶快藏进口袋，如果是储蓄券股票等，那就撕毁。最后特检出一支自来水笔送给他，先青很纳罕不懂他的用意。敌兵乃向他索交换品，当然是钞票了，硬要三张。说得很光明："这是做纪念品的。"先青不得已凑集了给他，并在纸上签了个字，这种卖贼赃的聪明花样，倒是初次听到。

二十五日　祁刚因事出外，中途被敌兵拉去送饭到金大，该处正在办理登记，祁刚因之弄得了一张所谓"安居证"，临时并请人化名另取到三张，准备回来分给处长和明镜夫妇。

二十六日　前二天在金大登记，仅须一套手续，就可拿到张鬼证书的，今天起又起了新花样了。先要到路口去拿小纸条，上面印有敌姓如鹤见中岛等字样。没准什么时候，临时在马路上散发，任人俯拾争夺，完全是奴视我们的恶作剧。定要拿了这张纸，才可去登记。我与王万山二人，早晨就到北平路，吃了两个冷煎饼，等到晌午，说是又变更办法了。我连打听都不高兴去地踅回了。途遇救护队副官汪松林，不敢交谈，不知道该队一千多弟兄现状如何了。回来报告处长。他说："覆巢之下，焉有完卵，"又说："登记不登记没有什么关系，不去也好。”我说：“不入虎穴，焉得虎子。”处长莞尔曰：“你真想亲历十殿么？”饭后处长忽闷闷不乐。战事的情况，一点也不知道，热心的人遇着这种阴晦的日子，与政府隔睽着不通消息，以后将怎样奋斗下去，也丝毫没有把握，忠勇的正气，寻不到一条发泄的方向，不禁迸出一行行的热泪，放声恸哭起来，那人类至宝贵至高尚的痛楚深深地激动我们。但我们的处境是相同的，凭什么可以拿来慰解他呢？也只可相对默然罢了！

二十七日　几日来，敌人的暴行，仍然有增无减，总有七八处冲天的火光在周围燃烧着，掳妇女，白昼宣淫，竟是司空见惯。到了晚上，逾墙穿穴，形同窃贼。像诸如此类的污劣行为，据闻向国际救济委员会报告的，日必有数十起。

二十八日　使馆自前几天屡被敌人抢劫，经国际委员会及美侨向敌方提出抗议后，敌方派中岛部队宪兵四人来守卫，各房间都来看了一次，遇到有妇女的，就嬉皮笑脸地进去坐坐，还要讨香烟吸。进出都被限制，反而不方便起来。一到晚上他们还不是同样的跑出去做那抢劫奸掳的勾当。吓，倒算是宪兵呢！

晨间，子良来，先把使馆的出入证，由窗下递给他，才得进来。据云，此次留京的外侨救我们的难民，万分地努力，功德匪浅！司法院收容所，被敌人硬捕去上千无抵抗的弟兄，都被敌人弄死。外侨们认为这是国际救济委员会的失败，深自引责，美侨李格斯，且曾因此痛哭过一次。又云，昨有敌军官数人，爬过金大的围墙，进入里面偷偷地背去一个难女，至今尚未送回呢。

二十九日 王万山今天已拿到安居证。敌人扬言，限下月四日登记完毕，接着便要挨户搜查。倘发现有未登记的，即遭杀戮。那么，我是逃不过的，只好明天再说罢。隔壁的一位难民因为面色特别黑，我们都称他为黑子，他全家兄弟妻子都逃避在馆内。今天清晨同弟进山西路回中央路家中，走到中途，被敌兵截住，一口咬定黑子是中国兵，不允分辩地就将他捆缚在地上，拿刀来乱砍。他痛极号跳，一跃好几丈，落在塘内淹死了。他的兄弟侥幸脱险回来，这样长短地告诉他的嫂子，因之阖家痛哭，怆不忍闻！

三十日 五时，天刚现曙，就由王万山陪着出外，被逼着鹄立于宁海路上，这时人们都因为要来登记的关系，聚集了不少。敌兵三五成群，耀武扬威地大肆暴虐，表面上算为维持秩序的。不时有三四个敌兵围击着一人，被侮辱的与被损害的同胞，当然不敢回手，抱着头蹲伏在地上，往往被打得半死才罢。看到了，无限的痛恨，毒蛇似地吃着我的心……等到后来，四人一排的好容易挨到了金女大的门首，但又错过了时刻，废然而返！

三十一日 天还没多亮，就偕王万山到金女大，十时许才得随了大家进入门内，聚立在广场上。正面台上除敌军官兵外，还有汉奸二人，一为敌使馆的侍役，现已升为翻译；另外一个名叫詹用光，有人认出他是在夫子庙卖仁丹的，自敌入城后，就与敌查问委员角下勾结一起，无恶不作，先送一个女看护给角下做妾，所以我们留京的卫生人员都被他报告了。更由詹用光的侦索，益无幸免，冷、杜、李三位院长的重返外交部医院，虽是为了我们受伤的弟兄治疗，实则是被逼进去的，听说监视极严，一时恐怕不易脱离。

首先由角下用华语演说，甘言巧语地诱骗我们。说是不论士兵或是输卒，只要自首出来，便可以得到生命保障，并还有工做；不然，那经查出了是要杀的。继由那姓詹的，为虎作伥的反复申说，满口荒唐，竟完全忘记了他的祖宗是哪里人了！当下即有数十人站出来自首，都教他们押往别处处死。场的左角，有敌人用活动镜头摄影，那时间我的内心真有说不出的难受！

下午崔品三来，说有人向公事房邓某报告我们是军人。因为美大使临走时，曾告诫："馆内不许容留军人，免为敌人藉口。"但我们进来后，从未与公事房的人接洽过，他们不知道我们是什么样的人，更无从知道我们是否正式的军人。惟有以敌兵驻馆的关系，那不能不特别小心。处长很镇静地听着，丝毫没有什么着急的表露，不过，请他得有什么消息随时告诉我们。

二十七年一月一日　晨起，崔又来云："馆内传言，都说我们是穿过军服的，恐怕是奸人报告，若传到敌兵耳朵里去，那就危险了，以赶快离开这里为上策。"于是处长、王万山及我三个人，决定即刻离馆，踏着凄凉的脚步，在街头踯躅，好像天地之大，竟无我们容身之处，百感丛集，茫无所止。处长仍鼓励我："人遭遇到危难，切不要沮丧，终要奋斗，唯有奋斗，才能打破这恶劣的环境。"乃独往国际救济委员会去访德侨史排林，我则赴金大访子良，处长也因没有遇着而赶来，大家在礼堂前会齐了。适何海清交身擦过，他说："使馆方面已着手调查，切不可回去。"说了这句话，就匆匆走开，好像敌人跟着他，事态颇为严重的样子。我们即在金大女收容所丁十五号子良眷属的房内暂避。一早起来到现在已经半天多没吃东西了，实在饿得慌了，乃由子良夫人去讨得施粥二碗，才得充饥。

午后由子良去想办法，承金大教授徐先生及裴志先生（美侨）惠允拨汉口路九号给我们居住，我们的卧具，也由子良派人去取来。这里原是金大教授的住宅，上面挂的是美国旗，所以处长说："我们今日虽被困在沦陷区内，但始终不愿在敌人的旗帜下去苟求生活，这总算聊称心意的事。"

夜来北风飒飒，特别来得冷，满室尘封，除一榻一床外，别无长物。我们二人睡在一间狭小的楼上，听刺骨的风格格地摇撼着窗棂，以排遣这二十七年的元旦，真觉得分外凄凉！回想往年元宵，共家人秉烛笑谈，恍同隔世。

二日　昨日为元旦，敌人开始制造傀儡式的伪自治委员会，今天在鼓楼开会庆祝，强迫每一收容所出难民若干人到会点缀，并指使一般无知识的难民将抢来的鞭炮随处燃放，劈拍之声，自昨天到今天，还没有停止。一群群敌兵都狂醉如泥地蹒跚街头，因之无奇不有的暴行，都演了出来。苦来苦去，只苦了我们的民众！

晨起，子良即来，向楼下胡先生（无锡人，也是避难居此）讨得一盆洗脸水，并两碗稀粥，藉度晨餐。下午子良率同乡难民三十三人由金大图书馆搬来。特与胡先生商量，请他迁居楼上，楼下让给我们住。明镜夫妇亦搬来。内外两室，早卷夜铺，共住了四十来往人，好在是冬天，不致感觉到拥挤的苦处。子良因为在收容所工作，且还有守夜的职责，故一时不能移来。但我们伙食等经纪的事项，都由他偏劳办理。诸同人汲水煮饭，各有专守。制定早晚吃粥，惟午饭是干的；虽是这样，每天也要不少的开支呢。

三日　处长及我的行装，大部分在上年十一月二十六日托首批离京人员携带出去，适经过宣城时，被炸完全损失。及十二月十二日事变，临时购得棉袍及裤各一件，另外向人讨得小衫裤一套，匆匆易装，以致不能替换洗濯，上周间即感生虱，日必脱衣搜捉二三次，天既严寒，非常痛苦。自迁此间后，以同人多，且有井水可汲，乃借衣替换煮洗，始得绝迹。

四日　新年一过，敌又开始办理登记，我欲实地观察起见，乃继续前去。晨五时许，即赴宁海路，鹄立等待，至十时左右挨进阴阳营转角的党园。该处本有两个院落，中间隔以竹篱，敌兵正以刺刀斫焚取暖。院中排列着数十张方桌，都坐有敌兵。登记者先在门首报名取出条子来，然后转向敌兵，给他们相视一番，就写给一张证书。证书译意为——安居之证，姓名，男，年岁，认右者并无危害帝国部队之意，昭和年月日，体格颜貌，特征，中岛部队之印——在颜貌项下，画一登记者之单线面形。

五日　近日来我游击队逼近城垣，攻击甚烈，晚间必能听到炮声。我们在这百无聊赖之际，常往后院侧听炮声的大小，以估计游击队的远近，取为谈资，以作慰藉。

鼓楼医院内附设的难民医院，为梅奇牧师所主持。事前处长曾几度与之接洽，欲成立国际红十字会，同时他又受市政府的嘱托，成立国际性的医院，以便作为一般受伤军民医治及避难的处所，故当十二那一天，梅牧师即实行前议，接收外交部祁院，无如又被敌人赶走，乃不得已附设在鼓楼医院内，地点较为安全，工作人员都是义务的。明镜之弟祁刚也经先青的介绍于今日入院工作，既有食宿之地，并可为受伤的同胞服务，颇为得计。

七日　外间谣言甚炽。游击队确已近逼城垣，敌军恐慌万状，有向伪自治委员会勒索一千套便衣之说。自得悉上项消息起，所有各户出于敌军强迫而悬挂的日本国旗，的确完全没有了。红膏药的袖章，也是百不见一，显然的，这是民心一致，同仇敌忾的事实的表露。

八日　奉处长命与子良同赴宁海路五号国际救济委员会探访德侨史排林，适于珞珈路相遇，彼允在大方巷二十一号寓所约晤处长。

十日　饭后与子良随处长遵约赴史寓。见面时他很惊骇于处长的为什么早不离京。当告以职责的关系，万无离京之理。史极严肃地钦佩着，他说：“敌在京率兽食人的行为，不欲消息外传，故封锁南京，比铁桶还要利害，我们外侨的东西给他们抢光，行动也受限制，同你们差不多，亦等于俘虏。”说时，指着他的脚，因为没有皮鞋，也穿着布鞋。我们请他帮忙设法离京赴沪，他说：“要到上海，恐怕一时难于实现，但总当尽力帮忙，相机进行。”他并告诉我们，战事起码还有一年，二年也说不定，复取出地图来看，很庄严的鼓励着说：“现在敌人所占领的，在贵国全面积中，不过百分之几，你们唯一的出路，只有抵抗，否则恐怕要做奴隶！”当时我们听了，都觉悚然，处长几为之泪下。

又承介绍往访德使馆孙秘书（国人），住在颐和路三十二号，已靠近城边，若打大路走，则必须经过敌岗位，我们宁愿绕小道多走些路。孙君才由上海同了各使馆的派员坐英舰来京，所以我们得以听到一些最近的战况。归途经云南路，见道旁各塘中，都有被反绑着手而杀害的同胞，尸体已浸得发胖，每一水塘，约有一二十人不等。金银巷金大农场，增多了若干浮厝，随处可以听到母哭子妻哭夫的哀泣的声音。陡然想起自己家中，因为得不到我的消息，也不晓得有着与这同样的情景么？

十三日 敌兵怕冷，最喜欢烤火，我曾在宁南路头看见他将家具践破，又见在山西路拆毁邮亭，顺手夺饼摊的油壶浇上，纵火焚烧。此外，也有就在屋内地板上烧起来的，种种破坏行动，不一而足。所以近来晚间火烧的处所，仍不稍减。立在后院的小丘上向新街口一带望去，几乎是一片瓦砾场。断墙颓垣发出一阵阵枯焦的气味，没有一所完整的屋脊可以看到。

据说，敌人虽将南京严密封锁，以防消息外传，但国际委员会已将他的兽态暴行辑成报告五百余条，在上几日终究由美军舰的无线电传播出去了。

十五日　王万山报告:“刻在路上遇到我们处内 × 视察的车夫,他说 × × 已在伪自治委员会做官了,现在鼓楼新村办事,人家都称他为何课长。” × × 为人多谋善辩,屡经事变,谅不会辱祖事敌的;况且人家又称他为何课长,也许是另外一人,或者别有作用。当即叮咛王万山:“你若能知道他的住址,就可以打听他的底蕴了。”

下午随处长往访德侨史排林。他说:“美侨费煦,已得敌方的同意,日内要到上海去,你们倘有信件,可以托他带去。”

十七日　下午又随处长赴史寓,送去各人家信一封。史极诚恳地接收,允代为转去。史当欧战时,曾参加青岛之役,不幸被俘,在敌国做了四年多的俘虏,现年已六十余岁,但仇恨敌人的心理,仍不减当年。自南京失陷后,他努力地维护我们的难民,终日奔走着驱止敌人的兽行,故国际救济委员会内人,都称他“会的堡垒”,实在是很确当的美誉。近日因为感冒咳嗽,没有出去,处长为他诊治,并设法买药送去。

敌兵的恣意搜劫,各国使馆亦同承光顾。苏联使馆已早被他纵火烧毁,其他各使馆,也都遭受很大的损失。近日,敌人忽对美德两使馆及其侨民财产的损失派人着紧地调查。我们所居的是金大教授的住宅,本为美教会的产业,曾经敌兵数次抢劫,屋内物件,不必说它,当然搜索一空,就是门窗板壁,也被破坏不堪,到处皆是刃痕与枪洞。今日由金大教授美侨裴志伴来倭敌一人,视察一周。听说房屋的损坏,他答应估价赔偿,其他一切,则算是他们应当随便拿的。

十九日　国际救济委员会最初成立的时候,曾由市政府拨给米款,备为救济难民用的,故京市被陷后,即由该会努力办理救济事业。在宁海路五号会侧设有售米处一所,每人限购一斗,鱼贯进去,秩序井然。近日,敌人硬教他闭歇,把占夺三汊河米仓的存米,按八元一担,售给伪自治会,移存国民会议堂;再由伪会每担作十元五角转卖出去,其转手所赚的钱,就作为它的经费。但手续繁杂,先缴款发票,然后凭票领米,每有若干天持票领米不到的,一般穷民,大概都是籴升头度日子的,那不是要他们的命吗?

二十一日 下午随处长访德侨史排林,并送去药物一种,见他精神较前稍佳。每次到史寓,因抄近路,必要经过水塘,我已不忍再看被害同胞浸在水内的尸体,要求走大路。处长说:"忠魂所在,我们应当过去凭吊,且睹景生情,可以增强我们同仇敌忾的信心的。"

二十二日 我们的粮食,近来发生恐慌了。上几天去缴了款,但没拿到米,于是只得向楼上胡先生借米吃。截至今日,所借的米已吃完,买的米仍没有拿到,不得已想同王万山去找侯 ×× 想办法。侯 ×× 住颐和路五号,与前面珞珈路十九号赵 ×× 住宅相通,我们在十九号见的面。当时适有一敌人在座,所以没有多谈。他是假用了何子文的名字在伪自治委员会充当交通课代理课长,课长就由伪委员赵 ×× 兼的。当下承他借米半石,并允将购米代取送来,总算不虚行。后遇 ××× 后方医院院长尤 ××,他就住在颐和路,同伪自治会的副会长孙叔荣打在一起,房间很华丽,不知是谁氏的旧巢?并有两个女友同居。他化名为洪少文,好像很有办法的样子。

二十三日 午后陈开时来，并承他送米两石，这是他在押运时所得到的酬劳，至为感谢！他是当处长奉令处理部务时新任的司书，人极勇敢有为，虽然相处不久，及失散后，彼此都很挂念。此次雪中送炭，真今世所难能。

二十六日 侯××于午间坐了汽车来访我们。说起当事变时怎样危殆的情形，身上所有的钱财，被劫一空，不得已随赵××出任伪职，主办粮食运输及整理交通等情。处长一声不则的兀坐着，目光锐利地注视着他，旋即约他进入楼梯下的一小间内，以大义及立身之道晓谕他，这纯然是出于友谊的真挚，不知道他能体悟到这种厚意否？

二十九日 时近阴历的年底，不觉都兴怀乡之感，没有别的办法，只可预备点食品，从食上聊为安慰，故决议在这几天晚餐也改吃干饭。午间约史排林便餐，谈了很多敌人的暴行，他说："敌人最怕的是德国人，有如儿子见了老子一样，所以我在会内，如得到某处报告，有敌人在那里强奸的事，只消我跑去一吆喝，那无聊的强徒立刻提了裤子就走。一日间每有数十次的奔波，因之过劳而病了。"

自来水厂及电灯厂的工友，在敌进城时，被害殉难的很多，最近敌人急欲恢复起来，而一般工友绝不愿意合作，后来经史排林的担保，算是由他领工，才肯进去开工。

在自来水已经全市放水，电气则只送一条线，惟有敌人和各外侨，方可以享着开灯的权利。轩轾是显然的，我们再不大家起来抵抗，那什么事都要遭受这样的待遇了。

三十一日　今天是二十七年阴历元旦。前天起降雪，到今天还没有开晴，气候极寒冷。午后我因小便滑跌，致将右手腕骨折断，真是祸不单行，懊丧万分。后到鼓楼医院用 X 光线透视整复，并用副木缚扎。前天史排林曾对处长说起，现在外侨时有往来京沪者，如有文件，可以托他们带去，还能负责寄至汉口。于是处长拟将留京处理伤兵及失陷后的敌情报告委座，饬我即日起稿。不料一时跌断手骨，难以执笔，非短时间可以恢复的；而事又不能延缓，故吃饭时努力学习左利，或者几天之内，就可以惯常的吧？

二月三日　南京失陷后，一切市政及建筑等等，都被破坏摧毁殆尽，可说地皮也翻转三尺了。一般民众，囚首垢面地过着鬼似的"生活"。说不尽的颠沛苦楚。最为特殊的情状是人们都没有理发，长得好像刺猬一样。前日 ××× 曾对我说：敌人屡次问他，"你们为什么不理发？"似很以为奇怪。于是勒令他们理发，有如清初的剪发令。这般伪官当然是遵之惟恐不速的。其最大的缘故是因为找不到理发师，而失土如丧考妣，实含有重大的意义呢！

玄武湖原为本京产鱼的地方，据说，向例是由某公司缴款市府承捕包销的，这次经赵 ×× 以伪委员的身份，特雇到敌浪人一名，保镖督促，若干日来已有万元的进账了。

五日　近日敌探满街，都穿着中服，往往有一言之失而遭逮捕，因之而冤死的，已有不少人了。据闻教导总队未退出的官兵很多，曾集议举义，但尚未有具体的办法，而事已泄露；敌人大事搜索，我第二救护总队第二大队长杨春也参与其间,因而被捕遭害。

敌人所办的新申报,每日张贴,所有消息,当然是反宣传的,一点真相也看不出来,幸有鼓楼医院的收音机放送的英语战讯报告,每日经他们的同人编译为快消息,的确是翔实的报道。先青及祁刚每天秘密地带来,我们大家相互传观,都以先睹为快。

七日　难民区及各收容所,因有国际救济委员会的主持维护,难民得以稍安;而敌人视作拦门的虎,想出种种法子,必欲摧残之以为快。先不让他们在难民区卖米,复嗾使伪警察厅长王春山,利诱难民:有迁出难民区者,发米一石。结果回家未一宿,敌兵光顾了七八次,得不偿失,万分懊丧地去而复返。今日又派伪警拆毁宁海路及上海路上的棚铺,硬不要他们住在难民区内。伪敌作伥,可恶之至。

十日　前第 ××× 后方医院院长尤 ×× 来邀赴宁海路上五福楼午膳,我随处长同去。吃饭时,他忽然说起伪会的会长如何的卫护他,他如何的感激,现在要拉他进伪会做卫生组长,洋洋然地说了一大套。处长勃然声色俱厉地斥责他:“你可不要忘了本,因为点小惠而乱大节,致肇成终身的遗恨。”我因公共场所耳目众多,竭力劝处长息怒,回家去再说。但处长最恨的是那辈摇尾乞怜认贼作父的小人,他永远不肯失去一个机会以正义去教训那卑劣无耻的一群的,不顾一切地说下去。尤则唯唯否否地漫应着。我料他决不能摆脱当前的纠绊的,环境的牵系,汉奸是做定了的。

十一日　我自手折以来,每餐皆用左手动作,已觉得习惯自如，用铅笔写字，也还像样。于是乃动手草拟报告，不过迟钝些罢了。但事关秘密，每惧人来，时作时辍，迄未完成。密藏之处，没有一定，瓦楞里、门框上都藏过，每天必更换一处，且绝不告诉人，就只我一人知道。

十三日　金大女收容所，以时被敌兵奸抢骚扰，经美侨向敌抗议后，每夜派一特务员来驻守。子良为该所管理员，任招待之职，故与他们有认识的。今午一位面目可憎穿着中服姓中山的忽来找子良闲谈，谈了些时才走。我们认为此獠必有用意，故都惴惴不安，或有议迁移的，但亦惟镇静待之而已。

城内遍处有殉难尸体，尤以水塘及空屋为最多。早几天已由红十字会着手掩埋，就在金银巷金大农场，挖掘很深的狭壕，把尸体重叠葬入，掩土了事。闻说编号登记的，已有十二万具了。

十五日　下午侯××坐汽车来访，驾车的是美侨李格斯，是最努力维护难民的生佛。难民区内各收容所施粥所需的米煤，必须要由区外搬运来的，若没有李格斯押车，往往被敌扣去，故李总是穿着破衣服日夜不息地奔走。随处长乘便搭他的车开往区外去一看，出新街口，经太平路，夫子庙，转中山路，沿途房舍，百不存一。屋已烧成灰烬，而它的两壁，却依然高耸着，这可见敌人纵火的情形，确是挨户来的。行人除敌兵外，绝对看不到另外的人，一片荒凉凄惨的景象，令我们不忍再看。那些未烧毁的房屋，都变了敌人的店铺，大概都是菜馆糖果钟表等类的，敌兵正麇集着。街上满置敌的运输车。间有一二哨兵，我们的车，因系外侨开的，所以他们并不过问，由着我们往来驶行。这是事变后我们第一次出难民区，处长本不愿踏到敌人的旗帜之下的，以我的撺掇，说去观察市区被焚劫的情形，于是才从权地走了一遭，归后尚懊悔不止。

十七日 报告稿粗已拟就，呈处长核改，处长就观察敌的后方情形细加分析，看出了他们的败兆：无论他们来烧杀奸掠，绝不足压平我们国民的怒气，反足资增我仇敌的心；纪律方面，则在他们自己的道德堕落，无论如何，必将有个崩溃毁灭的时候，故其结论，处长坚决主张抗战到底。在灯下亲笔缮正。另附与郭副处长一函，勉励同人努力工作，不要以我们为念。一一封妥密藏，拟待机送到史处，托他转去。

> 敬陈者：窃诵盘自奉令留京处理部务以后，叠将办理情形随时电陈，谅邀垂察。迄十二月，当南京失守时，以职责关系无法离去，遂陷入敌围，沦为难民。二月以来，虽苟延残喘，得全性命，而旷废职务，负罪实深，应请严予处分，以肃纪律。惟在待罪之间所见所闻，暨将九日至十三日办理情形，理合节略密陈，伏祈察核。
>
> 最后三日之处理情形：九日起，敌已扑近城垣。我救护队随军退却，即直接输送伤者与各医院，每日夜约有千计。而医院散处各区，收转不易，即经诵盘令饬祁院、杜院、李院集结外交部，冷院、

尢院、邓院集结军政部,合处办事,分负职务。江院业经诵盘先日令开浦口,俾资输送得以联络。并以驻苏办事处及汽车组人员均已星散不见,即饬祁明镜接收汽车,负责伤者之转运,务使尽量过江以达后方。其他关于治疗给养材料等项,均经各院长分任办理,布置就绪。各该员咸能抱定牺牲精神,尽忠职务。在十二日下午四时,虽谣闻敌人已进水西门,司令部人员已走,尚送出伤者数百名。迄十三日上午九时,城内全部见敌,极度惨杀。诵盘偕科长蒋公穀不得已避入美国大使馆,各院人员亦只得暂为隐匿,以避其锋。

城陷后伤者之处理情形:当城未失守以前,诚恐将来重伤者及不及输送伤者之无法安置,曾经诵盘几度向国际委员会接洽,请组织国际红十字会医院,以资救济。正在进行办理间,十二日,突然事发,在院伤者尚有三百余名,当时幸经美国教士梅奇先生努力实行前议,集合伤者于外交部,暂为维持。旋由杜宝忠、冷希曾、李义璋等三人挺身而出,负责治疗,至今尚在该处服务。

敌军入城后之兽行情状:十二日下午四时,闻敌军初自水西门入城不过三四百人,我军××××××于三牌楼一带××××××××××××××××××,殊可慨也。十三日晨,敌大部入城,全市悲惨黯淡,顿陷恐怖状态。初则任性烧杀,继则到处奸掠。(杀)在下关方面不及退却之我军,当场被杀者约有万计,道路尽赤,尸阻江流。被俘于麒麟门一带四千余人,无饮无食,每日倒毙者恒四五百人。现在三汊河一带被沉之忠魂尸体尚不计其数。在城内,有大批保安队四千余,以及每日搜捉之壮丁民众被认为战士者,每日必有数千,均押赴下关,使其互为束缚,再以机枪扫射,不死者掷以手榴弹或以刀刺,迫入地窖,或积叠成山,聚而焚之。被难者跃跳悲号,惨不能状。而兽性敌人犹在旁拍手,引以为快。城内之各池塘及各空宅,无一不有反缚被杀之尸体,每处数十百计不等。综计旬日之间,死者六七万众。虽方诸明末扬州十日、嘉定屠城,不是过也。(烧)自敌军入城之日起,纵火乱烧,日必七八起。初将所有高大建筑除被其占用外,殆已烧尽;不能焚毁者,亦必破坏之。继则普通民居,亦难幸免。诵盘曾亲赴城南视察,自新街口迄中华门之房屋,百不留一。据闻,其他各处以建筑简陋,延烧尤甚。故受德、美人士保护麇集难民区之二十万众,多数已无家可归,殊可悯也。(奸)吾民族认为,最耻辱、最痛心疾首者,厥为奸淫。而敌竟不顾一切,除烧杀掠夺外,复大肆奸淫,稍具姿色者,无一幸免。甚至赤身裸体,公然白昼宣淫。迭经外邦人士目睹,当面斥为禽兽,悄然遁去,恬不知耻。因是一般难女避入金女大收容所以求保护，此后日间虽安，但一至天黑，钻穴逾墙，仍所不免。或奸后架去，或一去不返，或虽返而已病不能兴，故悬梁跳井者，日有所闻。最近有一五十余岁之老妪，遇敌欲强行非礼，有子二人起而抵抗，竟全家被杀。此类事实不知凡几，可歌可泣，笔难罄述。据国际委员会友邦人士云，有案可稽者已千余起。(掠)敌入城后，三五成群，挨户搜查，难民区内更甚，即各使馆及外侨住宅亦一视同仁。应门稍迟者，即枪射刀刺。先则专掠钱财，搜索身体；随即翻箱倒箧，虽便桶地穴，亦必察看。不论日夜，每户日必搜查七八次，如是狂掠竟达两旬之久。现虽稍戢仍时有所闻。各官署、各私宅之大件器物则早已被运一空矣。综计敌军入城后烧杀奸掠，书不尽记。而吾难民，在水深火热中之可以求保护稍得慰藉者，惟国际委员会是赖。在事之德、美友邦人士，咸抱大无畏精神，不避艰危，尽瘁从事。在金大、金女大收容所服务之外侨，无分昼夜，轮流守护。金女大内，美人魏小姐每对于敌人之来劫奸难女者，常跪哭求赦；负责纠察组之德人史排林先生，周巡察护，遇敌暴行力竭声嘶，誓与周旋。此外，在京外侨，无一不努力救护吾民，与敌人争执，因之受辱被创者，时有所闻。而吾廿万难民得以获救，否则恐无孑遗矣。即最近自傀儡式之自治会成立后,被难民众仍向国际委员会哭诉敌人暴行者,日必四五十起,据闻,均详为纪录,转播全球。是以国际舆论沸然,而敌方亦自感应付棘手,视国际委员会为眼中钉,乃多方为难,刻意阻挠,务使难民区解散而后快。但外侨绝不为动,且更努力。此等精神,人天共钦,不仅吾难民奉为万家生佛已也。

最近所得之敌情:(士气)闻敌攻击南京时,士气极盛,以为兵临城下或被其陷落后,即可休战返国;无如事与愿违,气为之衰迨。一月来,吾空军非常活跃,敌人大为震惊,其士兵每对人作手语,深惧吾轰炸。又闻敌兵饱掠后,每多换穿吾服向沪逃亡,被捉处死者甚多。此外,因荒淫过度而病花柳者,亦属不鲜。总之,敌久戍思归,士无斗志,为敌军当前之弱点,可断言也。(军容)闻此次敌人动员二百万服装,不足势所难免。然所见敌人军毯不全,大衣俱无,所穿衣服亦破烂不堪。初入城时,因之除搜索法币外,专掠被褥、夺人内衣及到处烤火,多数房屋之被拆、被焚,此亦其大原因也。现在,京有一百六十二个部队单位之营底满布城内,而尤于城北三牌楼、城南国府路为聚集之区。(纪律)自称文明而又系征兵制度之国家,其士兵纪律之废弛,一至于斯,令人所梦想不到。其奸淫掳掠,种种暴行,每官为之首导,而士兵更肆无忌惮矣。且闻内部派别分歧，常各不相容。至如大使馆方面之文治派与海陆军人，固各行其是。即军人方面，海军与陆军、老宿与少壮，亦各树门户，时起龃龉也。（外侨舆论）在京外侨，德、美两国二十余员，无不目敌方为国际盗寇、世界公敌，是以将其暴行由军舰电达本国，传播世界，而尤以德人最所失望。咸云，敌人经济已起恐慌，求助各国亦无应，增赋加税，捉襟见肘，决不能持久侵略，若吾国抵抗到底，使其欲罢不能，必惫而后已。况国际形势日趋变化，据闻最近情形均与敌不利。综上述观察所及，虽仅一隅之见，然敌方之外强中干，色厉内荏，已不容掩饰，所谓强弩之末，其力已竭。况敌之暴行举世惊骇，即昔因利害关系虚与委蛇者，亦不复认为可引为己助而存观望矣。故政府为贯彻始终复兴民族计，惟有再接再厉坚持到底，虽军事未必确有把握，但能继续淬励军心，增强前线，充实空军，壮吾声威，训练民众，胁敌联络，俾战事形成胶着，保持接触，庶敌无整理喘息之余暇，则战线扩张消耗愈大，必待其国力疲惫、经济崩溃而后已。至安辑流亡，固吾后方，严明赏惩，以肃纪律，及诸凡庶政、教育、生产等等，均毋因军兴而废，则最后之胜利，属吾固无待巫卜也。管蠡之见，冒昧密陈，仰祈核转。谨呈。廿七年二月十七日。

十九日　下午子良随处长先行，同居难友许银生密携报告后行，陆续到达史处，请他转寄。及三点多钟，平安回来。我们在寓的人，才放了心。我们于事变后仅完成了这点小工作，事虽不足称奇，但若非处长精神的领导与指示，则恐怕这点小工作亦不会产生的，也总算是桩可喜可慰的事了。

二十日　近来常听人说起，有许多人都已脱险离京，其所走的路程，大概有三条：一、花钱托人拿到敌特务机关或敌兵站的通行证，可以趁敌兵车，直达上海；但盘查极严，到了上海，不容易进租界。二、出通济门路行，可以到苏锡，再搭船赴沪；但中途时遭抢劫，很危险。三、由上青河渡江经和县含山等处可以到汉口；但其间也有红枪会盘劫，要有熟人带路，始可通过。先青适于午间来谈起，有教导总队某营长及其营副与江北红枪会都有接洽，他们留京人员由营副带领过江者，已有很多人了。现又有一批，即日就要过江。先青个人想和他们同走，今日特来辞行的。我和处长也打算随他们同行，就请先青去接洽，旋得复约定明日下午水西门外会齐起程。

二十一日　饭后先青就来。处长，我及王万山、许银生等五人，各带了简单的卧具，我手上的绷带也卸去了，免人注目，先因走错路，到了草场门，不能出去，又折回莫愁路，才出水西门，在浴堂内稍息。由先青去寻这营长未遇。这时浴堂内正在上市，人极庞杂，注意力都集中我们身上，或竟有跑来询问我们干什么的。正在进退维谷万分为难之际，先青已在后面小街一小理发店内将这位营长找到了，乃同去见面。他说，人数太多，衣服也不合式，要以破烂短服装作小贩的样子，才可以过得去，约我们明日再走。我们以懔于浴堂的情形，不敢久留，乃匆匆分散进城。我的右手，究竟还没有痊愈，举动不免有些异状，在城门口忽被一敌兵拉着检视才放行的。归途我买了一封洋腊拿着，路人都看我是小贩，争向我购买，我今回想起来，真是可笑的事呀。

朝天宫在莫愁路旁，原为明朝的太学，今见屋脊的吻鸱，也被敌人拆去了，他们是当作古物观的。又宫内的古物库，据闻尚有不少的物件，我们没有来得及运走，这库门的机关很秘密，敌人无法可以打开，曾悬出万元的赏格，征求建造时的工程师，听说还没有找到。但恐怕迟早要给取夺去的吧！

二十二日　照昨天的情形，对于过江这条路，似难冒险行走，故今日决爽约不去了。下午随处长赴史处，送去家信两封，并告以要想离京的意思。史仍劝我们，现在出去，恐多危险，还是稍待些时日，俟确有把握能到得来上海租界，再走不迟。旋有二德侨来，言谈间丑诋国人之不讲求卫生及难民区内的如何污秽龌龊。而史则归罪敌人，很显然的，史是有意敷衍我们。所以当我们告别的时候，史特将处长的身份及此次因尽职而被陷城内的情形详细告诉了他们，那时他们很诚恳地和处长握手，似因直言而抱歉的样子。

二十三日　我们正在午餐时，敌中山忽又来，子良赶即迎出，不让他进屋来，就坐落在厨外的廊下，子良并令其妻及子出见，好证实我们确是难民，免得他怀疑而生恶意。果然，他问子良："你们中国军官留京的很多，你有认识的么？你可以指出来告诉我吗？"说着语法前后倒装的中国话。子良初只听不懂，后来才明白他的意思，就回答他说："我是向来在上海经商的，因为战事回无锡，到去年十二月二日又带了家眷等人逃到南京来的。哪里认得什么军事人员，你问的事，真是一点都不明白。"结果他悻悻地走了。我们都认为此獠是一个祸水，他对于我们既起着恶意的怀疑，万不可再住下去，应赶快设法出走，方为上策。

二十四日　午，侯××来，留与便餐，谈起我们要想即刻离京。他说，倘要径到上海，不特乘车证不易弄到，且到达了车站也不容易进租界，须另有通行证，还得受敌几道盘查，不如先到无锡，再想办法。乘车证他可以弄到，不过要有相当的代价——法币百元。处长初则缄默，没说什么，后来又提起说到气节问题，洋洋洒洒的很多发挥之词，及说至慷慨激昂的时候，抓起一只茶杯，掷向地上，砰然一声，玻璃的碎片四溅，在座的人，都几乎遭到波及。我们都觉得愕然。侯××稍坐了一刻，由我陪送出门。

二十五日　昨日处长那幕激烈的情景，我尚怦怦在心，留有极深刻的印象，并没有消释。下午侯××并不爽约，携来敌兵站支部乘车准许证九张，证明是无锡难民，约二十七八两日分走。由他派人及车子来接送到车站。其他的人决徒步赴锡，但恐中途有阻，他允可以出费叫伪会派人护送到句容为止。他倒的确是帮我们的忙的，实在可感得很。

二十七日　晨三时许起来，将行装准备完毕。五时，我随处长及子良夫妇在第一批先走，坐了侯××派来的汽车，经中山路出挹江门到车站，中间虽有几次的盘查，还不十分麻烦。我们到了车站，才知道今明两日，原有难民车开行，但敌仍疑南京尚有着我们不少的官兵，乃将赴沪者逐一登记，证明他们并不是土著，可以加以检索的。一般人都不明白他们的恶计，上车的很拥挤，我们也因为已经到了车站，只可听天由命，惟决定在无锡下车。站内敌兵罗列，每一车棚内，约乘坐五十余人，由四敌兵看守车门，竟是押囚犯一样的办法。七时开行，逢站必停。那素称繁盛之区的如镇江常州等站，都只剩得残垣断壁，人烟绝迹，十分凄凉！

下午抵无锡，先将这张准许证交给守门的敌兵，经他向一站酋接洽，始得下车。我们四个人，抱着小孩，提着衣包，用尽了生平的力气，狼狈地挤出了车站，跑到新世界饭店的废墟，招人代担行李，沿河行约半里，无一完屋，都被烧尽了。后雇一小船，过黄婆墩，两岸设有敌卡，远见一只船上所有的乘客正脱衣被搜查，我们的船当然也得停靠的。出于意料之外的，敌人却挥手放行，于四时许到达曹家桥子良家中。登堂拜母，合家狂欢！

二十八日　下午四时许，明镜夫妇也到。他们是由石塘湾下车的，与子良派往接他们的人不遇。今天客多于主，乃借邻舍的房屋分住。

这里因经大乱之后，且被陷敌围，已入无政府的状态，一般莠民蜂起，每夜必听到枪声，本村也遭过抢劫。日间则敌人二三成群的常到村间来掠取物件。因为环境的恶劣，又加今天我们来了许多人，实易启人的疑窦，子良尤为担心，故拟稍息一二日后即行，设法离此转沪。

三月一日 从这里到上海，有敌人包办的小火轮可以直达租界，但沿途有敌卡的盘查。处长以须经敌人的侮辱，决计不肯走这条路。此外则坐船二天可到十一圩港，再上对江天生港的外商轮船，也可以到上海，惟日期较长，中间或有危险。但处长只要能避免敌人的侮辱，任何危险是在所不顾的，乃决计如此走法，就请子良偏劳进行。

三日 前日随处长到离曹家桥三里的西漳滨为子良岳母诊病，今日又去复诊。下午五时，由京路行的诸人，都已乘船到达。他们是过丹阳后，才雇到船的。前托他们担来的物件，在过句容的道上被抢，幸没有伤人。一切均已经子良布置妥当了。雇到船两只，决于今夜启行。

四日 昨夜，我们都没有睡觉。十二时后，忽雷声大作，雨并不甚大，犬吠声很急。子良恐遭抢劫，忙将前后木桥抽脱，以防意外，开门出视，只见西南方面，每隔一歇，则倏然一亮。这光并非是线状的闪电，而是由地面向上泛射的白光。屋后向北望去，也有同样的亮光。东南方有四五盏灯光，约有煤气灯大小，倏明倏暗的约有数十分钟的间歇。后来询问由那边来要搭我们船的，他们都说并无所见，这倒是一桩很奇怪的经历。

上午三时上船，二十余人共坐一船。因北渚驻有敌兵，乃绕行小港，又迷路而多行了三十余里。黎明，过一小桥洞，船搁住了不能出进。与此相隔十丈许，就是锡澄公路，敌车往来如织，我们船内有好几位妇女，大家很焦急。幸而桥的外面有一只渡船，乃先送妇孺至一小村内暂歇。黄桂生连鞋子都来不及穿,着了地袜逃过去的,后将船拔出。又绕行三里,于前村重行上船。

下午三时过旸歧,两岸枪声突作。我们以为是拦路抢劫的,催摇船的猛力前进,不及半里,至钱木桥,被他们架枪阻住,不得已停靠上岸,这才知道是游击队的警戒检查。这时前后村人,都来围观,男女约有千计。将我们驱立在田畈内,擎枪围堵,按人搜查,情况颇为紧张。另有一部人上船搜查,于褥底的草内检得法币一束,就问:"这是谁的?若干数目?"子良在旁妄答以二十二元,适相符合。其实此款是黄桂生的,当情急时随便塞在草内,连他自己亦不知道其确数,这真太巧合了。后来便向他们领队的要了回来。他们很责备我们,为什么不早些停船声明,可以免费去许多子弹,因为这子弹的来源,是十分困难的。处长向他们道歉,并愿出款赔偿,那领队的绝对不要。这时天已傍晚,我们打算就在这里停宿,请他们保护。领队的说:"这样必须派人轮流保卫,那是很费钱的。"仍劝我们速行,还来得及赶到长寿,他们的总队长朱松寿即驻在该处,一切可与他接洽。

七时许抵长寿,往访朱松寿,不遇。这镇本来是很热闹的,经过敌人铁蹄的蹂躏,全镇房舍,烧去了一大半。现在该方面的游击队,以此为总枢纽。当晚上,在屋内点起了汽油灯训练民众,情形极为热烈,确是有办法的。祁刚与总队内一姓张的是相识,承他留宿。就停泊于此。

五日 晨六时许即开船。沿途所经过的市镇(周庄,东莱),房屋虽有被烧的,而市况均颇热闹,因为敌人只于攻江阴时曾一度到过,迄今没有重来。过周庄,以潮涨水逆,船不易行,乃由子良发起拉纤,一时加入者七人。子良拉头纤,比前快了不少,但毕竟至八时才到金凤镇,距十一圩港江边尚有三里。就在这里停宿。

六日　晨三时即解缆开船,仍以潮涨关系,虽仅三里之遥,迄六时始抵港口。当即赶赴江边,适因风浪大作,不易过渡登轮,乃进旅店小住,此处原为沿江一小乡村,对江即系南通的天生港。近来苏常一带与上海的交通,虽有内河小轮,但每因盘查,人皆视为畏途,故多取比较平安的路,转道此间。江轮每日都有,因没有码头,停泊江中,须另由小船驳上去。往来旅客日众,市面也因之兴旺起来。

七日　今日风势稍杀,晨即登上挂德旗的亨熙船。我共处长及子良夫妇合居一房舱,明镜夫妇、先青等亦住一房舱。因装货关系,今日不开行,我们宿在船上。

八日　晨八时,船即起锚开行,经杨林七丫等口,都稍有耽搁。于下午六时进吴淞口,远望吴松,全镇无一完屋,沿江都堆满敌物,有如山积,上盖油布,致不能窥见其中的底蕴。八时过外白渡桥,我们都沉重地呼了一口气,总算脱离虎口,进入孤岛了。是时处长身边还有法币三十余元,我的因为在船上被扒手窃去了十余元,只剩了法币八元。大概车钱是够的了。不过在南京再要关下去,那是不堪设想了!船靠在新关码头。子良明镜先青等决暂住中国饭店。我随处长到了汉口路才雇到汽车,先赴处长公馆,已他迁,转辗访问,才知居处。我回原寓,也已易主,承屋主的告诉,方得寻到家中,如此往返跋涉，至夜深十一时，方得与家人相见，悲喜交集。老父仍安居乡间，更安慰了不少。

抵沪后，以稍事休息及部署行装的关系，居住了十六天。于二十四日随处长及子良、先青、德修等四人搭荷船芝沙丹泥号南行，于二十七日到香港。先住弥敦道和平旅馆。嗣承杨寿生先生的介绍，移居汉口道九号四楼沈宅的空寓。处长于四月四日搭飞机先行赴汉。我与子良等以待明镜到港，五日才会齐。六日到广州宿了一宵，次日乘车经粤汉路，九日晚抵达汉口。忆自首都沦陷后，我们被羁绊了前后约三个月，迄这时才完全恢复自由，仍向抵抗敌人争求我国家民族生存的大道上前进。

跋

先仲兄辞世已卅八年矣，然每一忆及，辄不禁悲从中来，不能自已。盖余兄弟相依为命，余获仲兄教诲持护数十年，故情逾一般。民国廿六年抗日军兴，先仲兄重投军旅，抵京任城防救护工作，因随城沦陷敌手，时余随先叔百里先生访欧，翌年之初返国，抵鄂报告，闻讯彷徨终日。是年冬间，先仲兄脱难，辗转来渝，兄弟重逢，恍如隔世，相拥而泣，其情其景，犹历历在目。先仲兄故世后，别无长物，仅遗陷京期间手书日记一巨册。此记在先仲兄来渝后，为揭发敌寇之暴行，曾自费出版。惟其时物质匮乏，排印费昂，不得不节录付印。虽所刊出者，尚不足全稿之半，然记述翔实，当时颇激起国人同仇敌忾之心及国际人士之公愤。战后国际军事法庭曾加参考，作为审判日本战犯之佐证。卅八年余桴海东渡时，日记手稿仓促未及携出，迄今憾之。今春整理行箧，偶捡获在渝出版之节录一册，惧再遗失，乃谋重刊，盖余所能报于先仲兄者亦仅矣。因烦昌君瑞卿司校勘之事，校印讫，蒙顾墨三将军亲笔署签，秦心波先生宠畀序文，益增光彩，余谨申致诚挚之谢忱。

海宁蒋复璁谨识

《南京稀见文献丛刊》
已出书目

1.《南唐书》（两种） （宋）马令　（宋）陆游

2.《六朝事迹编类·六朝通鉴博议》 （宋）张敦颐　（宋）李焘

3–6.《景定建康志》 （宋）周应合

7.《金陵百咏·金陵杂兴·金陵杂咏·金陵百咏（外一种）》 （宋）曾极　（宋）苏泂　（清）王友亮　（清）汤濂

8.《洪武京城图志·金陵古今图考》 （明）礼部　（明）陈沂

9.《南京·南京》 （明）解缙　（民国）李邵青

10–12.《金陵梵刹志》 （明）葛寅亮

13.《金陵玄观志》 （明）葛寅亮

14.《金陵琐事·续金陵琐事·二续金陵琐事》 （明）周晖

15.《客座赘语》 （明）顾起元

16.《后湖志》 （明）赵官　等

17.《金陵世纪·金陵选胜·金陵览古》 （明）孙应岳　（清）余宾硕

18.《献花岩志·牛首山志·栖霞小志·覆舟山小志》 （明）陈沂　（明）盛时泰　（民国）汪闿

19.《留都见闻录·金陵待征录》 （明）吴应箕 （清）金鳌

20.《板桥杂记·续板桥杂记·板桥杂记补》

（明末清初）余怀 （清）珠泉居士 （清末民初）金嗣芬

21.《建康古今记》 （清）顾炎武

22.《白下琐言》 （清）甘熙

23.《盋山志》 （清）顾云

24.《秣陵集》 （清）陈文述

25.《钟山书院志》 （清）汤椿年

26.《随园食单·白门食谱·冶城蔬谱·续冶城蔬谱》

（清）袁枚 （民国）张通之 （清末民初）龚乃保 （民国）王孝煃

27.《承恩寺缘起碑板录·律门祖庭汇志·扫叶楼集·金陵乌龙潭放生池古迹考》

（清）释鹰巢 （清末民初）释辅仁 （民国）潘宗鼎 （民国）检斋居士

28.《骆博凯家书》 〔德〕骆博凯

29.《金陵杂志·金陵杂志续集》 （清末民初）徐寿卿

30–31.《金陵琐志九种》 （清末民初）陈作霖 （民国）陈诒绂

《运渎桥道小志》 （清末民初）陈作霖

《凤麓小志》 （清末民初）陈作霖

《东城志略》 （清末民初）陈作霖

《金陵物产风土志》 （清末民初）陈作霖

《南朝佛志寺》 （清末民初）孙文川 陈作霖

《炳烛里谈》 （清末民初）陈作霖

《钟南淮北区域志》 （民国）陈诒绂

《石城山志》 （民国）陈诒绂

《金陵园墅志》 （民国）陈诒绂

32–34. **《南京愚园文献十一种》** （清）胡恩燮（民国）胡光国 等

《白下愚园集》 （清）胡恩燮等 （民国）胡光国

《白下愚园续集》 （清）张之洞等 （民国）胡光国

《白下愚园续集（补）》 （清）潘宗鼎等 （民国）胡光国

《愚园宴集诗》 （清）潘任等

《白下愚园题景七十咏》 （清）胡恩燮 （民国）胡光国

《愚园楹联》 （民国）胡光国

《白下愚园游记》 （民国）吴楚

《愚园题咏》 （民国）胡韵蕖

《愚园诗话》 （民国）胡光国

《愚园丛札》 佚名

《灌叟撮记》 （民国）胡光国

35. **《梁代陵墓考·六朝陵墓调查报告》** （附图一册）

（清末民初）张璜 （民国）中央古物保管委员会编辑委员会

36. **《金陵关十年报告》** （清末民国）金陵关税务司

37. **《金陵胜迹志》** （民国）胡祥翰

38. **《金陵岁时记·岁华忆语》** （民国）潘宗鼎 （民国）夏仁虎

39. **《秦淮志》** （民国）夏仁虎

40. **《明孝陵志》** （民国）王焕镳

41. **《金陵大报恩寺塔志》** （民国）张惠衣

42. **《首都计划》** （民国）国都设计技术专员办事处

43–44. **《总理陵园管理委员会报告》** （民国）总理陵园管理委员会

45. **《总理奉安实录》** （民国）总理奉安专刊编纂委员会

46. **《总理陵园小志》** （民国）傅焕光

47.《新都胜迹考》 （民国）周念行　徐芳田

48.《新京备乘》 （民国）陈迺勋　杜福堃

49.《新南京》 （民国）南京市市政府秘书处

50.《陷京三月记》 （民国）蒋公穀

51.《冶城话旧·东山琐缀》 （民国）卢前

52.《南京》 〔德〕赫达·哈默尔　阿尔弗雷德·霍夫曼

53.《南京概况》（秘密） （民国）书报简讯社

54.《南唐二陵发掘报告》 南京博物院